GAOSU GONGLU

LIQING LUMIAN YANGHU GONGCHENG CESHE JISHU

高速公路

沥青路面养护工程测设技术

王子鹏　孙　倩　赵宝平　贾　梓　著

人民交通出版社股份有限公司
China Communications Press Co.,Ltd.

内 容 提 要

本书主要介绍了河北省高速公路沥青路面概况、沥青路面养护工程勘测设计现状、沥青路面养护勘测和沥青路面养护工程设计的相关内容。

本书可供交通行业从业人员参考学习，也可供相关院校师生参考。

图书在版编目(CIP)数据

高速公路沥青路面养护工程测设技术 / 王子鹏等著. —北京：人民交通出版社股份有限公司，2018.3

ISBN 978-7-114-14477-6

Ⅰ. ①高… Ⅱ. ①王… Ⅲ. ①高速公路—沥青路面—公路养护—工程测试—河北 Ⅳ. ①U418.6

中国版本图书馆 CIP 数据核字(2018)第 004123 号

书　　名：高速公路沥青路面养护工程测设技术
著 作 者：王子鹏　孙　倩　赵宝平　贾　梓
责任编辑：袁　方　刘　倩
责任校对：尹　静
责任印制：张　凯
出版发行：人民交通出版社股份有限公司
地　　址：(100011)北京市朝阳区安定门外外馆斜街3号
网　　址：http://www.ccpress.com.cn
销售电话：(010)59757973
总 经 销：人民交通出版社股份有限公司发行部
经　　销：各地新华书店
印　　刷：北京市密东印刷有限公司
开　　本：720×960　1/16
印　　张：5.75
字　　数：100千
版　　次：2018年3月　第1版
印　　次：2018年3月　第1次印刷
书　　号：ISBN 978-7-114-14477-6
定　　价：35.00元

前　　言

高速公路的发展水平是国家现代化程度的重要标志。截至2016年年底，我国高速公路通车总里程突破13万km，以高速公路为骨架的干线公路网络基本形成，第一次大规模建设周期进入尾声，同时也跨入了大规模的公路养护时代。

路面养护是公路养护的重要内容。经过二十余年的探索，我国高速公路路面养护技术已经初步完善。河北省高速公路的建设和发展一直位于全国前列，对高速公路养护技术的探索也一直未曾停步。

随着高速公路通车里程的快速增长，高速公路的管养工作越来越重。在较大规模的养护专项工程中，路面大、中修工程占相当大的比重。其方案确定和设计是做好高速公路养护管理工作的关键之一。鉴于当前针对高速公路养护设计方面的规范、标准、指导性意见等规范体系正在建设中，作者结合河北省高速公路沥青路面养护工程设计咨询十多年来的经验，融合了河北省高速公路管理局对所辖高速公路养护管理工作中的成熟做法，依托“高速公路沥青路面技术状况评价及养护勘测设计成套技术研究”（编号2013-1-3）课题，对河北省境内高速公路沥青路面养护技术进行了系统的梳理，旨在为从事高速公路沥青路面养护设计、咨询工作的技术人员提供一套较为完整的参考资料，并促进高速公路沥青路面养护专项工程设计的规范化、标准化进程。

在此出版之际，特向为本书出版提供帮助和支持的河北省高速公路管理局、河北省交通运输厅公路管理局、河北交通投资集团有限公司、河北省交通规划设计院的领导及专家致以衷心的感谢！对河北锐驰交通工程咨询有限公司、王子鹏公路养护技术创新工作室的全体成员及给予我们大力支持的业界朋友们致以衷心的感谢！

因时间仓促，书中疏漏及偏颇之处在所难免，恳请广大读者批评指正。

作　者

2017 年 12 月

目　　录

上篇　沥青路面养护勘测

下篇　沥青路面养护工程设计

第一章 河北省高速公路沥青路面概况

第一节 沥青路面发展概况

河北省境内高速公路绝大部分采用了沥青混凝土路面。从建设时间看,路面结构的发展主要可分为以下几个阶段:

一、第一阶段(1995 年以前)

1989 ~1995 年,河北省集中修建了京津塘(河北段)、京石、石太高速公路。这一时期路面结构特点(京津塘河北段除外):面层较薄,两层沥青层总厚度小于15cm;基层厚度薄、强度弱,单层设置,底基层厚度较大。路面主要病害表现为推移、车辙等沥青混凝土层病害伴以局部基层强度不足为主因的承重基层等结构病害。

二、第二阶段(1995 ~2004 年)

1995 ~2004 年,河北省修建了石安、京秦、京沪、黄石、宣大等近 1000km 的高速公路。这一时期路面结构特点:

(1)增加了层厚,调整了结构层,面层厚度增加为 3 层设置,一般为 4cm +5cm +6cm。

(2)基层分上下两层设置,通常上层为 17 ~20cm 水泥稳定碎石,下层为 20cm 二灰碎石(砂砾);重视水损害,加强基层顶面的防水层设计。

(3)底基层一般为单层设置,厚度多为 18 ~20cm。

(4)表面层采用进口沥青。

该时期修建的路面典型病害表现为泛油、裂缝、车辙、桥面唧浆等,主要为沥青层病害。

三、第三阶段(2004~2010年)

2004年,河北省在认真研究总结前一阶段高速公路路面建设的经验,重点研究解决沥青路面车辙、水损害和裂缝等早期破损问题的基础上,发布了《河北省高速公路沥青路面建设指导意见》,取得了较好的效果,主要表现在以下几个方面:

1. 采取措施,有效解决车辙病害

(1)提高了沥青面层混合料的高温稳定性的技术要求:动稳定度要求改性沥青混合料大于3600次/mm,普通沥青混合料大于1500次/mm。

(2)上、中面层采用改性沥青,并提高了软化点。

(3)应用GTM设计方法进行沥青混合料设计。

(4)在重交通道路或路段上采用SMA等纤维沥青混凝土技术。

2. 加强高速公路沥青路面防排水设计,克服水损害

(1)沥青面层采用密实型沥青混合料,减少雨水下渗。上表面层沥青混合料选用AC-13密实型沥青混凝土。

(2)沥青混合料全部采用石灰岩机制砂代替天然砂,使用不超过2%的水泥(或消石灰粉)代替矿粉,以增强沥青与集料黏附力。

(3)在半刚性基层顶面合理设置防水层,增强基层与面层的黏结。在中、上面层之间设置SBS改性热沥青防水黏结层,以起到防水、黏结和延缓反射裂缝的作用。

3. 采取措施,抑制路面裂缝

为抑制半刚性基层沥青路面裂缝,减少路面结构性能影响,在进行水泥稳定碎石、二灰稳定碎石基层混合料设计时除考虑强度要求外,并考虑干缩性、施工和易性,减少施工离析和开裂发生。加强矿料级配优选,采用骨架密实型混合料,并积极开展柔性基层沥青路面以及长寿命半刚性基层沥青路面研究。

4. 提高路面厚度

提高了路面沥青层厚度,路面设计的沥青层总厚度不小于18cm。一般采用4cm+6cm+8cm(10cm)典型结构。

四、第四阶段(2010年之后)

2010年以后修建的高速公路,一般在半刚性基层顶面设置沥青碎石柔性基层,沥青层厚度(包括沥青碎石层)一般大于20cm,如密涿、廊沧高速公路等。

通过对前阶段建设经验以及科研成果的总结分析,2013 年河北省交通运输厅编制了《河北省高速公路勘测设计标准化指南》。该指南结合河北省实际情况,固化了成熟的技术,优化了标准参数,细化了技术要求。

1. 沥青路面结构组合

给出了常见的沥青路面结构组合形式,具体方案的选择可根据项目特点和实际情况合理确定。

(1)沥青面层(2 ~4 层)+级配碎石上基层(1 层)+水泥稳定碎石下基层(1 层)。

(2)沥青面层(2 ~4 层)+级配碎石上基层(1 层)+水泥稳定碎石下基层(1 层)+水泥或二灰稳定碎石或土(1 层)。

(3)沥青面层(2 ~4 层)+水泥稳定碎石上基层(1 层)+水泥或二灰稳定碎石(土)下基层(1 层)。

(4)沥青面层(2 ~4 层)+水泥稳定碎石上基层(1 层)+水泥稳定碎石下基层(1 层)+水泥或二灰稳定碎石(土)(1 层)+垫层。

2. 典型沥青路面结构

(1)累计标准当量轴次 1200 万 ~2500 万次(重交通)

①沥青层厚度(含柔性基层)为 18 ~22cm。

②基层厚度为 36 ~40cm,采用 18 ~20cm 级配碎石上基层和水泥稳定级配碎石下基层,或者全部采用水泥稳定级配碎石。

③底基层采用水泥稳定粒料类或稳定土、二灰稳定粒料类或稳定土(土质路基)或者级配碎石(石质路基)。

④表面层、中面层采用改性沥青,在表面层和中面层设置 SBS 改性沥青防水层。

(2)累计标准当量轴次 2500 万次以上(特重交通)

①沥青层厚度(含柔性基层)为 22 ~26cm 或 26cm 以上。

②基层厚度为 36 ~40cm,采用 18 ~22cm 级配碎石上基层和水泥稳定级配碎石下基层,或者全部采用水泥稳定级配碎石。

③底基层采用水泥稳定粒料类或稳定土、二灰稳定粒料类或稳定土(土质路基)或者级配碎石(石质路基)。

④表面层、中面层采用改性沥青,在表面层和中面层设置 SBS 改性沥青防水层。

河北省高速公路沥青层厚度的演变过程如图 1-1 所示。

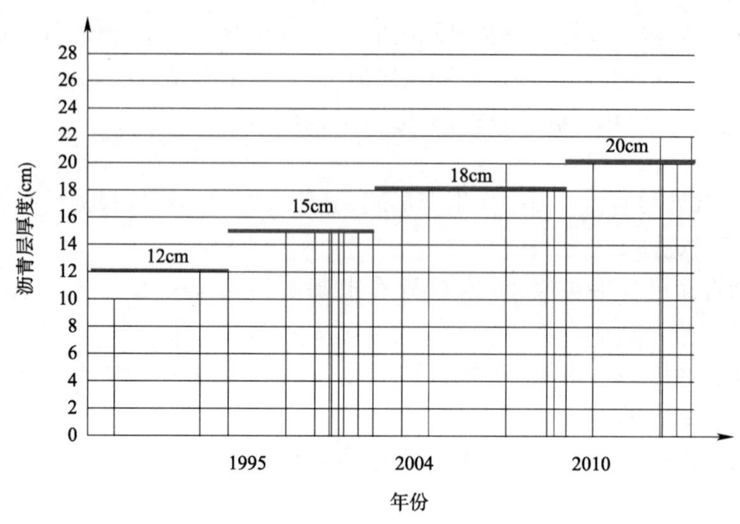

图1-1　河北省高速公路沥青层厚度的演变示意图

第二节　路面使用性能整体状况

"十二五"期间,河北省交通运输管理部门根据《公路技术状况评定标准》(JTG H20—2007)、《公路养护技术规范》(JTG H10—2009)以及河北省自身情况,对路面技术状况提出了明确的指标要求:路段平均公路技术状况指数MQI达到92分以上,路面使用性能指数PQI大于92分,路段平均路面损坏状况指数PCI、路面行驶质量指数RQI大于93分。

为了更加清晰、客观地了解河北省高速公路路面使用性能整体状况,通过对各高速公路路面技术状况检测数据的统计,挑选具有代表性的路段,利用现行规范的方法分析路面使用性能各个指标的整体状况。"十二五"期末,河北省高速公路沥青路面整体技术状况如表1-1所示,路网各检测指标均值及等级分布比例如图1-2、图1-3所示。

路网路面总体技术状况统计表　　表1-1

路况指标	指标均值	评价等级				
		优	良	中	次	差
公路技术状况指数MQI	94.0	1760.0km	161.0km	2.0km	0.0km	0.0km
		91.5%	8.4%	0.1%	0.0%	0.0%

续上表

路况指标	指标均值	评价等级				
		优	良	中	次	差
路面使用性能指数 PQI	92.7	1927.8km	274.5km	3.7km	0.0km	0.0km
		87.4%	12.4%	0.2%	0.0%	0.0%
路面损坏状况指数 PCI	93.3	1798.5km	346.1km	53.0km	4.6km	4.2km
		81.5%	15.7%	2.4%	0.2%	0.2%
路面行驶质量指数 RQI	94.3	2178.6km	23.4km	3.4km	0.5km	0.0km
		98.8%	1.1%	0.2%	0.0%	0.0%
路面车辙深度指数 RDI	90.5	1354.5km	760.1km	80.4km	10.6km	0.5km
		61.4%	34.5%	3.6%	0.5%	0.0%
路面抗滑性能指数 SRI	87.5	1005.8km	813.0km	294.4km	85.8km	7.6km
		45.6%	36.8%	13.3%	3.9%	0.3%
路面结构强度指数 PSSI	98.5	435.8km	5.0km	0.4km	0.0km	0.0km
		98.8%	1.1%	0.1%	0.0%	0.0%

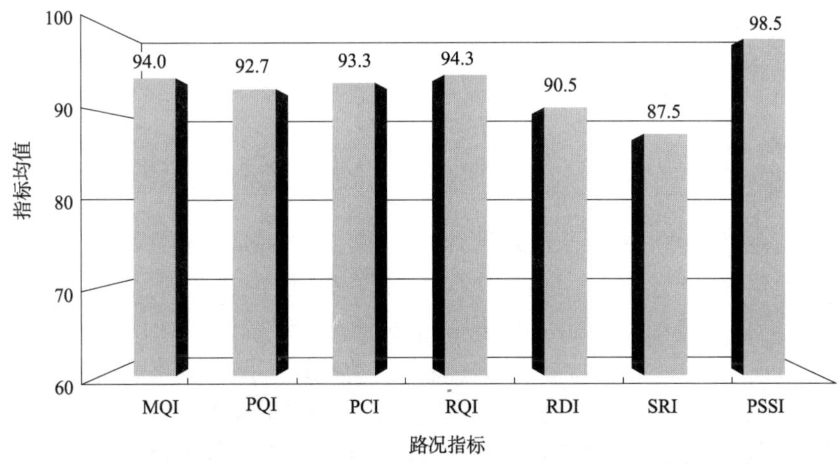

图 1-2　路网各检测指标均值

表 1-1、表 1-2 及图 1-3 显示，路网整体路况较好，PQI 均值接近 93；路面功能性指标 PCI 和 RQI 均值在 93 以上，特别是 RQI 值在 94 以上，路网路面行驶质量较好，具有较高的服务水平；路面结构强度指标 PSSI 接近 100，路网各路线结构强度充足，剩余结构寿命较高。

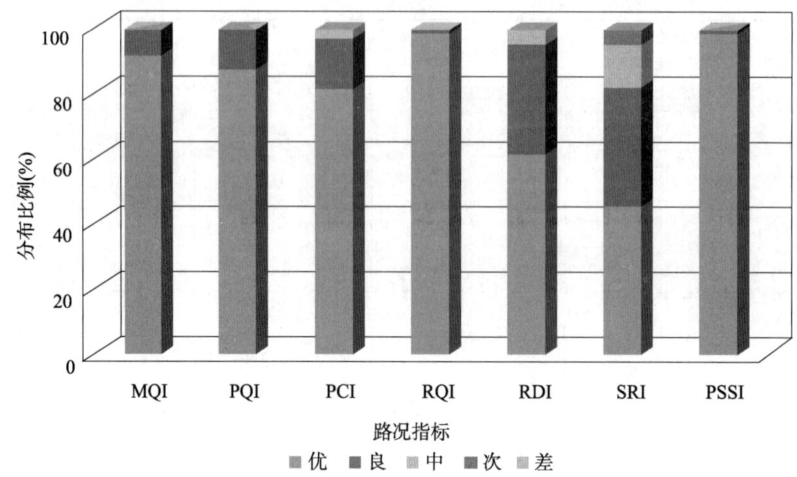

图 1-3　路网各指标评定等级分布比例

另外，由各指标的评价等级分布情况可知，RQI 指标的优等路率接近 100%，而 PCI 优等路率约为 80%，明显低于 RQI 指标，说明随着路网各路线运营时间的增长，路表面病害已开始增加；RDI 和 SRI 的优等路率偏低，主要是由于路网交通量较大，且大部分路线距上次大规模养护工程时间已较长，又缺乏以恢复车辙和抗滑性能为主的预防性养护措施，使得 RDI 和 SRI 指标整体偏低。

第三节　沥青路面常见病害规律及养护技术发展

河北省地处中纬度欧亚大陆东部，地域辽阔，属于温带大陆性季风气候。季风现象显著是河北省气候的一个典型特点，冬季寒冷、干燥、少雨雪，春季干旱、少雨、多风沙，夏季炎热、多雨、常沥涝，秋季晴朗、少阴雨。辽阔的地域、不利的气候条件以及差异性较大的交通组成，导致河北省高速公路沥青路面病害种类繁多。路面结构的发展与沥青路面病害及养护技术进步具有明显的交互性阶段特点。

因无修筑高速公路的经验且受经济条件制约，1995 年以前通车的高速公路路面结构层普遍较薄，针对渠化交通未采取任何措施，路面病害主要表现为沉陷、推移、车辙等较为典型的病害，如图 1-4 所示。

1995 ~ 2004 年，河北省主要对高速公路面层厚度及表面层性能进行了提升和改进，面层厚度增加为 3 层设置，表面层采用进口沥青，基层采用 3 层半刚性基层。

为了得到更高的表面抗滑、高温稳定等性能，对沥青混合料的级配进行了调整,部分路段使用了 SMA、SAC、LSH 结构。路面病害得到了有效控制。该时期出现的主要病害为泛油、裂缝、车辙、抗滑不足等,如图 1-5 所示。

a)

b)

图 1-4　典型车辙病害

a)

b)

图 1-5　半刚性基层反射裂缝

2004 年,《河北省高速公路沥青路面建设指导意见》提高了沥青面层混合料的高温稳定性技术要求,并采取了一系列克服沥青路面早期水损害以及抑制反射裂缝的技术措施。2004 ~ 2010 年,河北省基本上消除了大范围的车辙病害,但随着山区高速公路的增多,由于地质、路基变形及排水不畅等原因,引起的桥头跳车及纵向裂缝、局部沉陷等病害有所增多。河北省 2010 年以后修建的高速公路,一般在半刚性基层顶面设置沥青碎石柔性基层,沥青层厚度(包括沥青碎石层)基本大于 20cm,裂缝类病害依然是该阶段的主要病害类型,但是由于增加了沥青层厚度,反射裂缝基本上得到了较好的控制。该阶段的主要病害为温缩裂缝以及表面层沥青胶结料老化引起的块裂等,如图 1-6 所示。

截至 2017 年,2010 年以前通车的高速公路一般经过了一次较大规模的养护维修,通车更早的高速公路(例如京秦、石黄等)已经经过了两三次中修。对于 2010

年以后通车的高速公路，未进行大规模中修养护的路段较多。经过养护维修的路段路面病害呈现出和2010年以后修建的高速公路相同的态势。

a)

b)

图1-6 表面层沥青老化导致的块裂

目前，河北省高速公路沥青路面养护以处置桥头跳车和裂缝、预防性养护及周期性罩面工程为主。自2015年后，收费站改扩建、增设互通及局部路段的加宽甚至大段落的改造扩建工程逐渐增多。

各高速公路自建成至今，除部分水泥混凝土路面得到改造外，尚未采取过路面结构全部挖除重铺的大修养护工程，仅对两条通车较早的路线进行了面层铣刨重铺，基层局部换填的大修工程。该类大修工程周期在9～10年，各路段的路面养护主要为预防性养护及中修罩面，常用的养护措施有4cm罩面、表面层铣刨重铺、现场热再生、薄层罩面、微表处等。中修养护周期一般在5～7年。图1-7为2010年以前通车的高速公路路面养护周期分布规律。

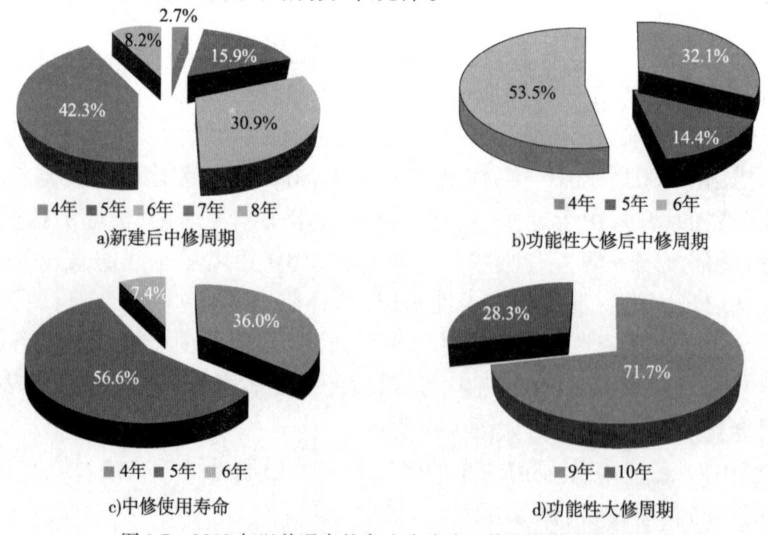

图1-7 2010年以前通车的高速公路路面养护周期分布规律

近年来，随着河北省高速公路养护里程的增长，对路面养护规划及长周期养护计划、设计正成为管理及研究重点。实现养护计划、设计、施工的规范化及标准化，以及环保、循环利用、不断交施工及快速修补等新技术、新材料、新工艺的应用是当前路面养护技术的重要研究方向。

第二章　沥青路面养护工程勘测设计现状

第一节　高速公路沥青路面养护工程管理模式及分类

近年来,我国在公路养护管理体制及运行机制改革上取得较大发展,总结起来主要有两种类型:

(1)管养分离。公路养护单位作为企业实行公司化管理,对公路大中修工程和养护实行公开招投标制,代表省份有河南省、辽宁省、吉林省。

(2)管养合一。公路养护单位作为事业单位,但内部实行企业化管理,如江西省、四川省、山东省、安徽省、福建省,其中安徽省、福建省、四川省在内部成立了养护公司,在区域内实行招标养护。

河北省高速公路实行公路建设、养护、管理、收费"四位一体"的管理模式,以河北省高速公路管理局、河北交通投资集团及各市交通运输局为代表的高速公路资产管理机构实施资产管理,路段公司或事业管理处具体负责经营管理。

通常来说,养护工程可依据公路工程的性质、规模、技术的复杂程度等进行分类,各国对于公路养护工程的分类各有不同。按照作业性质、范围和工作量,美国将其划分为路面修缮、表层翻修和路面重建三类,又归类为具体养护和交通服务两类(不包括改善工程);日本将其划分为保养和维修两大类,维修包括更新和改善的内容;国际道路会议常设协会建议各国将公路养护统一划分为日常养护、定期养护、特别养护和改善工程四类。

在我国《公路养护技术规范》(JTG H10—2009)中,将养护工程按工程性质、技术复杂程度和规模大小,划分为小修保养、中修工程、大修工程、改建工程四类。

《河北省高速公路养护管理办法》规定高速公路养护工作按其作业内容、工程性质、技术复杂程度和规模大小划分为日常养护、中修工程、大修工程和局部工程改建四类,具体如表 2-1 所示。

高速公路养护工作内容分类参考表　　表2-1

工程项目	日常养护	中修工程（机电专项工程）	大修工程	局部改建工程
路基	(1)整修路肩、边坡,修剪路肩、分隔带草木,清除挡墙、护坡、护栏、集水井或泄水槽内杂物,保持路容整洁; (2)疏通边沟,保持排水系统畅通; (3)路缘带的修理; (4)小段开挖边沟、截水沟或分期铺砌边沟; (5)清除零星塌方,填补路基缺口,处理轻微沉陷翻浆; (6)修理挡土墙、护坡、护坡道、泄水槽、护栏; (7)局部加固路肩	(1)全面修理、重建或增建挡土墙、护坡、护坡道、泄水槽及铺砌边沟等; (2)清除较大塌方,对大面积翻浆、沉陷进行处理; (3)整段开挖边沟、截水沟或铺砌边沟; (4)局部软土地基、积水路面处理; (5)整段加固路肩	(1)整段地基处理; (2)整段线形改善	整段加宽路基
路面	(1)日常巡查和定期技术状况评定; (2)清除路面杂物,保持路面清洁; (3)排除路面积水、积雪、积冰,铺防滑、防冻材料,路面夏季洒水降温; (4)沥青路面修补坑槽、裂缝等病害; (5)水泥混凝土路面的局部修理; (6)养护设备日常维修保养; (7)日常养护内业、图表、档案管理等	(1)沥青路面整段罩面; (2)处理路面严重病害; (3)水泥混凝土路面接缝材料的整段更换; (4)整段处理桥头跳车; (5)整段安装、更换路缘石; (6)局部路段沥青路面改造为水泥混凝土路面; (7)局部路段水泥混凝土路面改造为沥青路面	整段结构层改善工程	整段加宽路面

续上表

工程项目	日常养护	中修工程（机电专项工程）	大修工程	局部改建工程
桥涵隧道及交叉工程	（1）桥涵的巡查及定期检查、技术状况评定； （2）清除淤泥、积雪、杂物、保持桥面清洁； （3）疏通涵管，疏导桥下河槽； （4）伸缩缝养护，泄水孔疏通，钢支座加润滑油，栏杆油漆； （5）局部修理，更换桥栏杆和修理泄水孔、伸缩缝、支座和桥面的局部轻微损坏； （6）修补墩、台和河床铺底以及防护圬工的微小损坏； （7）涵洞进出口铺砌的加固修理； （8）通道的局部维修和疏通修理排水沟； （9）清除隧道洞口碎落石和修理圬工接缝，处理渗漏水	（1）更换伸缩缝及支座； （2）桥墩、桥台及隧道工程局部修理、防护、加固； （3）桥面铺装病害处治； （4）桥梁河床铺底及调治构造物的修复； （5）排水设施整段修理或更新； （6）承载能力检测； （7）金属构件全面除锈、油漆； （8）通道的修理、加固与局部改建； （9）隧道的通风、照明和排水设施的全面整修或更新	（1）桥梁整桥拆除重建； （2）隧道的较大防护、加固工程	（1）改建、增建互通式立交； （2）新建隧道工程
沿线设施	（1）标志牌、里程牌、百米牌、轮廓标、护栏等的定期清洗或维修； （2）路面标线的局部补画； （3）机电工程的日常维护； （4）机电工程强制性检测，备品备件； （5）对机电系统的局部损坏进行修理、更新和完善工作，费用在50万元以下的单项工程； （6）房建设施的日常维护	（1）整段新设或更换里程牌、百米牌、轮廓标等； （2）整段更新护栏、隔离栅等； （3）整段路面标线的画设； （4）整段更新标志牌面板； （5）机电系统设施大规模维修，费用50万元以上的单项工程	—	—

续上表

工程项目	日常养护	中修工程（机电专项工程）	大修工程	局部改建工程
绿化	路树花草的抚育管理和补植	(1)开辟苗圃； (2)更新树种、花木、草皮； (3)增设公路绿色小品和公路雕塑	—	—

河北省在2017年颁布实施了地方标准《高速公路沥青路面养护技术规范》(DB/T 2465—2017)，该标准对专项工程进行了明确定义：以保持和恢复功能为目标，对沥青路面实施除日常养护以外的较大规模的专项养护工程。同时还规定，对路面养护专项工程应进行专项检测或试验、方案设计(或立项申请书)和施工图设计。

第二节　路面养护工程勘测设计现状

潘玉利[10]等在1992年提出了一个养护投资优化模型，并结合杭州市郊区公路网的数据进行了初步分析，对于上述模型，最终采用了线性规划近似解法。经实际运算证明，用这一方法可以获得满意的计算速度和精度。赵晓凤等提出了一种利用网络来实现的制订公路养护计划的线性规划模型，据此制定合理的公路养护标准和策略，恰当地分配养护资金。

何兆益、邹培国等在1995年、闻绍明等在2002年采用层次分析法进行了路面养护决策的研究。部分研究人员还引入了模糊数学、区间关联方法等综合方法，力求对层次分析法在养护决策中的应用进行更加全面和深化的研究。

2007年，辽宁省根据养护实际工作经验及辽宁省高速公路主要病害，总结得出辽宁省沥青路面养护维修决策集。

2011年，江苏省根据历年来已实施大中修养护措施的典型路段养护数据，采用保证率系数法，确定了不同养护级别的指标界限值，分别建立了路面破损、平整度、车辙和承载力指标的分级评价方法，并在此基础上构建了适合江苏省的路面技术状况评价体系及大中修养护决策体系，编制了《江苏省高速公路路面大中修技术决策应用指南》。在江苏省的决策体系中，路面性能指标的优先等级可排序为：路面结构强度、路面破损、路面平整度、路面车辙、路面抗滑性能。

2014 年,安徽省在总结高速公路沥青路面养护工作成绩和经验的基础上,编制了《高速公路沥青路面养护标准化技术指南》,将路面养护分为预防性养护和矫正性养护,根据路面结构强度、破损状况、车辙深度、平整度、横向力系数、裂缝率等指标,明确了养护时机判断标准,并建立了养护决策矩阵。

对于高速公路沥青路面养护技术领域来说,交通运输部先后发布了《公路沥青路面养护技术规范》(JTJ 073.2—2001)、《公路技术状况评定标准》(JTG H20—2007)、《公路养护技术规范》(JTG H10—2009)等,相关规范、标准的实施大大促进了高速公路养护管理工作的科学化、规范化和制度化,对我国公路养护技术的发展起到了较大的推动作用。

上述三本规范、标准构成了我国沥青路面养护决策体系,具体如图 2-1 所示。

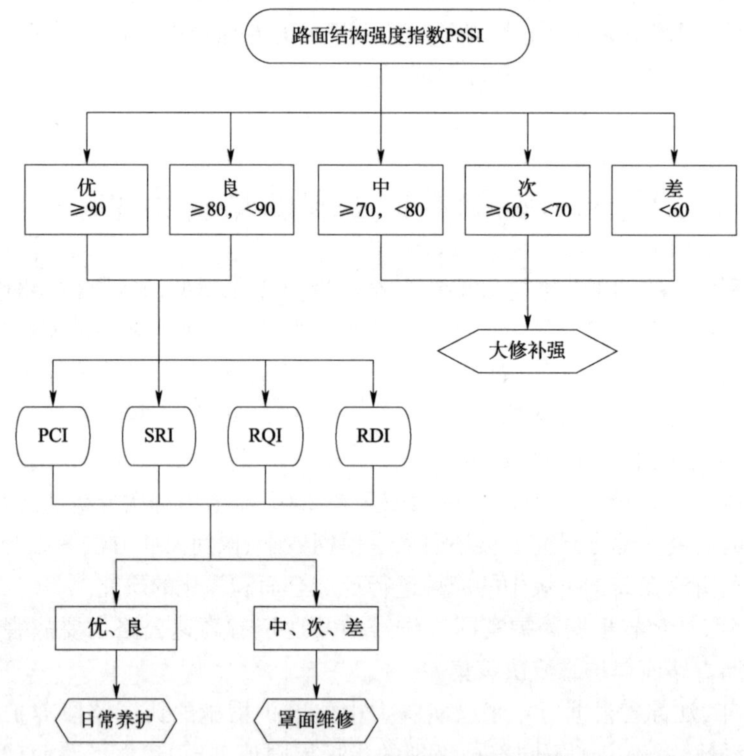

图 2-1　现行规范中的养护决策体系

随着《公路技术状况评定标准》(JTJ H20—2007)的颁布,河北省引进了“多功能路况快速检测系统(CiCS)”以及“公路资产管理系统(CPMS)”,极大地促进了河北省公路养护管理的科学化和规范化,但是 CPMS 属于网级管理系统,更多地用于宏观的路面养护规划和计划，分析路网的养护时机并依此进行全寿命周期费用管理。由于没有完善的项目级检测评价体系，在河北省高速公路沥青路面实际的养护工程设计过程中通常采用网级的数据做参考，并结合管养单位意见制订养护计划，再经资产管理单位审核后上报省行业主管部门批准。在此模式下，表现出了一些不足：

1. 养护标准不精确

《公路养护技术规范》（JTG H10—2009）对沥青路面的养护标准提出了要求：高速公路在满足强度要求的前提下，路面破损状况指数（PCI）评定为优、良时，以日常养护为主，并对局部破损进行小修；当 PCI 评定为中及中以下时，应采取中修罩面措施；当强度不能满足要求时，应采取大修补强措施以提高其承载力；抗滑能力不足（SFC <40）的路段，应采取加铺罩面层等措施，以提高路表面的抗滑能力；路面行驶质量指数（RQI）评定为优、良时，以日常养护为主，当 RQI 评定为中及中以下时，应采取罩面等措施改善路面的平整度。该规范规定了不同的技术等级对应的养护对策，但是由于没有明确评价单元，故用其来指导项目级的养护决策实际操作性较差。

2. 单元划分不明确

在当前的实际路面养护工作中，养护路段的划分一般是专家结合将要实施的养护措施凭借经验划分的，因此受人为因素影响较大，属于经验法，缺乏客观性。如果路段划分不够细致、合理，路面评价和确定养护策略效率严重低下的可能性将大大增加，可能会导致设计不足（过早失效）或设计过于保守（浪费使用的材料）的情况，形成养护资金的浪费。

单元的划分对评价结果精度存在较大的影响。现行的评价体系中基本的评价单元为 1000m，整体评价单元通常为一个管养单位所管养的路段。整个评价路段长短的差异会使评价结果产生较大的偏差。1000m 的基本评价单元针对具体项目的实施范围过大，不能很好地指导病害治理工程。

目前，河北省多数高速公路在进行沥青路面大中修养护设计时，尚未针对项目路段的路况差异性进行分段、分类设计和处理，养护决策很大程度上依赖工程师的经验和管理单位资金状况。

3. PCI 对养护设计的影响

（1）PCI 的局限性

在项目级沥青路面养护设计工作中，路面破损是一项重要指标。高速公路沥青路面病害一般都是以某一种或者几种破损形式为主，同时出现多种病害的情况少之又少。现行规范中，PCI 计算是针对全国所有等级公路特点的计算方法，用其来评价任何单独一条高速公路精度尚显不足。

而 PCI 作为一个“综合病害评价指标”，也不能准确地反映具体项目的典型病害，无法更精确地掌握病害成因以及病害发展深度等信息，不足以用其来指导病害治理工程养护设计。

(2)线性补偿性

按照现行规范进行高速公路沥青混凝土路面 PCI 计算，当路面破损类型较为单一时，尽管其处于很差的状况，但是只要其他破损类型较少，其 PCI 计算结果仍然会很高，如较为常见的单一裂缝类病害等。

(3)缺乏实际指导性

PCI 是一个综合指标，无法反映各类型破损所占的比例、主要类型、严重程度等，也不能初步推断路面破损的主要原因。在实际养护设计工程中，现行评价标准 PCI 值与对具体段落的病害治理措施及养护措施的选择关联性差，不能建立明确的对应关系。

4. PQI 综合指标对养护决策的指导性

PQI 指数为路面技术状况的一个综合评价指标，它结合路面损坏、路面平整度、车辙、抗滑性能和结构强度五项技术指标，得出一个检测路面的综合评价。PQI 各组成因素为一次线性关系，当出现单一指标过低时，通过加权平均的算法，使最终结果得到了补偿，但并不能具体体现路面真实情况，对具体项目进行养护决策的指导性较差。

结合养护管理模式，建立项目级检测评价方法，并确定不同阶段和时机的检测评价程序，对提高养护决策水平及养护设计方案是至关重要的。

上　篇

沥青路面养护勘测

目前,我国还没有路面养护工程勘测专用技术规范,在路面养护设计中一般参考《公路技术状况评定标准》(JTG H20—2007)进行检测评价,而该标准所需检测数据服务于网级路面管理系统(CPMS),更多地用于宏观的路面养护规划,分析路网的养护时机并依此进行全寿命周期费用管理。对于具体的路面养护工程设计而言,该标准检测数据精度不够,不能满足路面养护设计方案优化分析的需要。为了更好地服务于养护设计,做到技术先进、经济合理,确保工程质量,需要规范沥青路面养护工程勘测。

河北省高速公路路面养护工程大多采取一阶段施工图设计,前期要经过项目立项申请或者养护方案设计阶段。当前,对路面病害的发展规律研究及残余寿命的预估技术均不能满足工程需求,特别是对运营期间服役路面病害在具体时间段内的变化,尚无法准确预测。为了避免由于数据的时效性差而导致的养护方案不合理情况,应该分阶段开展路面养护勘测工作,并且若时间间隔内经过了一个雨季或者冬季,原有检测数据将不能代表现有路面状况水平,需重新进行勘测。

本篇以河北省高速公路沥青路面检测评价以及实体养护工程经验为基础,并吸收了近些年来河北省高速公路路面养护相关科研成果,根据养护项目自身特点以及管理流程,将路面养护勘测分为:养护需求分析勘测(初步勘测)、方案设计及施工图设计阶段工程勘测(详细勘测)、工程施工阶段勘测(施工勘测)三个阶段,通过增加检测次数及调整检测时间,及时消除或减小由于病害发展变化影响带来的工程方案及规模变化。

第三章 初步勘测

路面养护项目方案设计阶段应对不同的评价单元进行养护需求分析，按照养护目标确定养护性质，并在此基础上参照全寿命周期经济分析方法评价各养护方案效益，确定推荐养护方案。初步勘测应收集各项相关基础资料，并基本查明路面病害现状，分析病害成因，通过对路面技术状况历年检测资料进行分析，必要时对同地区类似工程进行调查分析，为方案选定提供参考。

第一节 基础资料收集

沥青路面养护方案设计依赖对路面技术状况的检测评价结论。沥青路面勘测以基础资料的收集为基础，包括项目路段属性信息、管理信息、养护历史、交通状况等资料。

一、气候条件

(1)将项目路段范围内年降雨量、年蒸发量、雨季持续时间及近十年暴雨强度等数据，换算为单位时间降雨量及蒸发量，结合使用状况评价道路排水设施的排水效果。

(2)通过对当地气温状况进行调查，分析温度变化情况、极端温度值、日照时间、高温持续时间、低温不均匀冻胀深度等，作为路面病害如车辙、裂缝等成因分析的依据。

二、水文地质

(1)调查地下水特征，主要包括地下水位情况、水流方向、水流速度、通车后地下水位变化情况等。

(2)调查河流湖泊水平面，特别是附近高于路面的积水池塘等；分析路表水流动的趋势，运营过程中近 5 ~ 10 年的情况是重点。

(3)调查项目路段地质情况、地质变化情况。

三、地形地貌

(1)地形地貌调查的内容主要包括地貌类型、海拔高度、地势走向等,特别是建成通车后地形地貌变化后的情况。

(2)根据道路建设区域的地形地貌特点,分析道路整体结构的稳定性和耐久性,对于存在严重结构破坏隐患的路段应进行重点分析。

四、交通状况

收集历史收费数据、相关站点及高速公路断面交通量数据。有条件的单位可对路段交通状况进行实地调查,调查内容包括年平均日交通量、交通组成及轴载状况等。年平均日交通量(AADT)的计算应统一交通组成划分标准,规定标准车换算系数。对现状交通量的调查及历史收费额的调查是分析历史增长率,累计轴载及预测未来交通量的重要基础。

五、道路基本信息调查

(1)设计技术标准。包括道路设计等级、设计荷载、设计车速、地震烈度、路基路面宽度等。将实际使用状况与设计标准进行比较,评价其吻合性,作为方案设计的依据之一。

(2)调查路线平面信息。主要包括路线高程、净空高度、路线桩号、路线最大转角、平曲线半径及长度等基础信息。

(3)调查路线纵断面信息。主要包括长大纵坡路段、沉陷变形区、软弱路基及特殊路基段、桥头跳车等。

(4)调查路线横断面信息。主要包括路线超高坡度、路基路面宽度、路肩宽度、中央分隔带宽度以及明显变形段落等。

(5)设计路面结构调查。主要包括结构组合方式、材料类型、混合料设计要求、结构纵向及横向搭接过渡状况等。

(6)绘制出道路全断面结构分布图,注明各路段桩号及位置。

(7)建设期路面变更情况。

六、维修养护及管理历史调查

(1)维修养护历史数据。主要包括大中修时间及工程量、大中修路段位置、维修方案、病害挖补治理位置、路况检测记录数据等。将原始设计结构与维修养护历史数据相结合,绘制出当前路面结构纵向及横向分布图。

（2）管理历史调查，主要包括施工年代，设计、监理及管理单位信息，标段划分，交竣工时间，重大变更及重要技术要求变化情况，材料料源信息等。

第二节　沥青路面养护工程初步勘测

方案设计阶段主要任务是进行养护需求分析、确定技术可行经济合理的养护方案，这就要求在初步勘测阶段除了按照《公路技术状况评定标准》（JTG H20—2007）计算 PCI、RQI、RDI、SRI、PSSI 五项指标外，还应选定项目单元并计算 RA 及 RRA。RA 及 RRA 计算方法见附录 A。对于大多数高速公路而言，车道之间路面技术状况存在差异，一般主要车道（行车道）相对较差，差异性因交通组成而异，主要车道基本能够反映高速公路整体路况。在方案设计阶段，一般应对主要车道进行重点勘测，对其他车道做抽样性补充勘测。勘测一般采用无损检测技术，但对典型病害可辅以必要的有损检测。初步勘测阶段现场钻芯的主要目的是确定典型路段典型病害程度和发展层位。对于一些特征明显的病害，根据工程师经验，可现场推定病害严重程度和发展层位的，则可不钻芯。现场钻芯取样的方法参见附录 B。为控制成本及提高效率，初步勘测阶段所取芯样选择必要部分进行室内试验。

一、一般段沥青路面

1. 主线路面初步勘测

应根据基础数据以及现场病害情况进行初步单元划分，分段初步查明下列内容：

（1）路面破损状况。

（2）路面平整度。

（3）路面车辙。

（4）路面抗滑性能。

（5）路面结构强度（典型路段及重点路段分车道检测）。

2. 路面检测、勘探

（1）方法。按照《公路技术状况评定标准》（JTG H20—2007）相关要求，对路面破损状况、路面平整度、路面车辙、路面抗滑性能、路面结构强度采用快速自动化检测设备进行检测。

（2）范围。检测主要车道和特定的其他车道。

（3）数量。对于路面破损状况、路面平整度、路面车辙、路面抗滑性能四项应按车道连续检测，对于路面结构强度可选取路面病害较严重的路段进行抽检，检测长度不宜低于该单元的30%。

(4)根据《公路技术状况评定标准》(JTG H20—2007)分别计算该单元内PCI、RDI、SRI、PSSI、RQI均值及波动范围,并计算折算维修面积RRA以及相应的折算维修面积率RA。

(5)钻芯。钻芯主要以确定病害严重程度以及发展层位为主,取芯密度应满足能准确地计算RRA,对芯样根据需求进行室内试验。

3. 路面技术状况调绘

根据检测结果进行路面技术状况调绘,对路面技术状况复杂或者路面病害严重的单元,进行补充路面技术状况调绘。

4. 一般段路面初步勘测成果

(1)文字说明。说明检测范围、检测时间、检测项目、检测方法及检测设备的技术参数和标定情况;分单元说明路面破损状况评价、路面车辙状况评价、路面抗滑性能评价、路面平整度状况评价、路面结构强度状况评价;说明典型病害的类型,并结合钻芯情况说明典型病害的严重程度及发展层位;根据各项评价结论,对路面养护项目提出合理化、有针对性的养护专项建议。

(2)图表资料。路面技术状况各参数统计图表和照片等。

二、匝道路面

初步勘测阶段,对于互通匝道,仅对路面破损和结构强度进行勘测。

1. 单元划分

根据基础数据以及现场病害情况进行单元划分,一般每条匝道为一个单元,分段基本查明下列内容:

(1)路面破损状况。

(2)必要时对选定段落需查明路面结构强度。

2. 路面检测、勘探

路面检测、勘探要与一般段一致。

3. 路面技术状况调绘

根据检测结果进行匝道路面技术状况调绘,对路面技术状况复杂或者路面病害严重的匝道,应进行补充路面技术状况调绘。对于路面结构强度较差的匝道,应分析其原因。

4. 匝道路面初步勘测成果

(1)文字说明。说明检测范围、检测时间、检测项目、检测方法及检测设备的技术参数和标定情况;分单元说明路面破损状况评价结论、路面结构强度状况评价结论;说明典型病害的类型,并结合钻芯情况说明典型病害的严重程度及发展层位;根据各项评价结论,对路面养护项目提出合理化、有针对性的建议,并初步分段落及车道确定治理范围及方案。

(2)图表资料。匝道平面图、路面技术状况各参数统计图表和照片等。

三、桥梁、涵洞及隧道

对桥涵构造物及隧道路面作为单独的工点进行勘测。作为有损检测手段,钻芯取样过程中防止破坏水泥铺装层,不能对构造物结构安全造成影响,在对病害严重程度及发展层位进行检测时一般优先选用探地雷达等无损检测手段。

1. 分工点初步勘测

对桥梁、涵洞及隧道路面等独立勘测对象,作为单独的工点进行初步勘测,分工点基本查明下列内容:

(1)路面技术状况应查明:路面破损状况、路面平整度、路面车辙、路面抗滑性能。

(2)对于桥涵构造物应查明沥青铺装层病害产生的原因,特别是黏结层等易发生病害的层位。

(3)分桥台查明桥头跳车情况。

2. 路面检测、勘探

(1)方法。按照《公路技术状况评定标准》(JTG H20—2007)相关要求,对路面破损状况、路面平整度、路面车辙、路面抗滑性能采用快速自动化检测设备进行检测。

(2)范围。路面破损状况应检测所有车道(包括硬路肩),路面平整度、路面车辙、路面抗滑性可只检测主要车道。

(3)利用检测数据,根据《公路技术状况评定标准》(JTG H20—2007)分别计算该单元内 PCI、RDI、SRI、PSSI、RQI 均值及波动范围,并计算折算维修面积 RRA 以及相应的折算维修面积率 RA。

(4)采用探地雷达等无损检测手段进行病害发展层位的检测,必要时钻芯取样。

3. 桥梁涵洞及隧道路面初步勘测成果

(1)文字说明。说明检测范围、检测时间、检测项目、检测方法及检测设备的技术参数和标定情况;分工点说明路面破损状况评价结论、路面车辙状况评价结论、路面抗滑性能评价结论、路面平整度状况评价结论;说明不同工点病害发展层位;应根据各项评价结论,对路面养护项目提出合理化、有针对性的建议。

(2)图表资料。桥涵构造物一览表、路面技术状况各参数统计图表和照片等。

四、路面排水

排水状况评价分为路表排水、结构内部排水、地下排水三部分内容,应结合检测数据和工程师经验对其进行定性评价。

其中,对于路表排水状况,主要评价其排水设施排水效果、排水设施结构完整性、路表面积水状态等;对于结构内部排水状况,主要评价其排水结构层排水速率、边缘排水系统工作情况、结构内部积水状况等;对于地下排水状况,主要通过路基含水率进行评价,分析地下水能否渗入结构内部,是否设置有隔水设施等。

1. 排水状况初步勘测

(1)路表排水设施状况。

(2)结构内部排水状况。

(3)地下排水状况。

2. 排水状况调查及检测

排水状况可通过人工调查、渗水仪检测、挖坑观测等方式进行检测。路表排水状况主要通过人工调查的方式,记录现有路表排水设施的完整性、排水效果等;针对设置排水结构层的路面应进行内部排水状况调查,主要可通过渗水仪检测其排水时间,另外通过挖坑观测结构层是否积水、检测排水结构层边缘排水系统工作效率等方式进检测;地下排水设施包括暗沟、暗管、渗沟等,可通过挖坑观测的方式,观察是否存在泉水外涌等现象,分析地下排水设施工作效率。

3. 排水状况初步勘测成果

(1)文字说明。说明检测范围、检测时间、检测项目、检测方法及检测设备的技术参数和标定情况;对全线路表排水状况、结构内部排水状况及地下排水设施排水效果进行分析;根据各项评价结论,对路面养护项目提出合理化并有针对性的建议。

(2)图表资料。超高段排水方式统计一览表、排水设施损坏一览表、全线沥青路面水损坏一览表、结构层排水及材料试验各参数统计图表和现场照片等。

五、其他影响因素

1. 净空及安全设施

(1)上跨构造物(天桥、交通标志)净空。

(2)中央及路侧护栏高度。

(3)路缘石及路肩石现状。

(4)拦水带现状等。

2. 高度及净空检测、勘探

(1)上跨构造物净空应采用电子测高仪进行测量，方案阶段即需检测所有车道净空。

(2)中央及路侧护栏高度测量，每个评价单元内不应少于10个检测点位，测量精度精确至厘米(cm)。

3. 初步勘测成果

(1)文字说明。说明检测范围、检测时间、检测项目、检测方法及检测设备的技术参数和标定情况；对全线路面结构层厚度、上跨构造物净空、护栏高度进行分析；各项评价结论作为确定方案的依据。

(2)图表资料。全线上跨构造物净空一览表、各评价单元护栏高度统计表、各评价单元路面结构层厚度统计表以及现场照片等。

六、路基

1. 路基初步勘测

在搜集原有公路勘测设计、施工和养护等方面资料的基础上，根据原有公路的路况进行分段，并查明以下内容：

(1)对变形较大的路段查明路基填料性质。

(2)查明原地基处置范围和方案，以及相应段落内的主要路面病害，并分析地基处理路段的软土地基固结度和剩余沉降(包括主固结和次固结沉降)。

(3)查明拼接或过渡段情况，并分析拼接处路基稳定性及不均匀沉降对路面病害的影响。

(4)对于由于路基原因引起路面病害较严重路段，对路基的稳定性及土基强度、含水率、压实度等指标进行分析，评价既有路基病害的类型、分布范围、规模、成因，以及对路面病害产生的影响。有针对性地分别采取措施。

2. 路基检测、勘探

(1)既有公路路基调查应采取资料收集、现场调查和勘探相结合的综合方法。

(2)土基CBR值、压实度、含水率等指标的检测方法参见《公路路基设计规范》(JTG D30—2015)。

3. 路基初步勘测成果

(1)文字说明。说明检测范围、检测时间、检测项目、检测方法及检测设备的技术参数和标定情况；说明既有公路软土路基段落、拼接路段分布范围，以及相应段落内的主要路面病害；根据各项评价结论，对路面养护项目提出合理化、有针对性的建议。

(2)图表资料。特殊路基分布一览表、土基各参数统计图表和现场照片等。

七、既有路面材料再生利用

拟对既有路面材料再生利用的路面养护工程,对原路面历史信息、技术状况、交通量、工程经济等方面的内容进行调查和综合分析,为再生设计(再生方式的选择、再生混合料设计、再生工艺的确定等)提供依据。

(1)取样。对既有路面材料进行取样,取样方法按照《公路沥青路面再生技术规范》(JTG F41—2008)相关要求。

(2)取样性能检测。试验检测内容主要包括:沥青含量,回收沥青的物理性能指标测试(包括针入度、延度、软化点、黏度等)和化学组分,回收集料的级配组成和物理性能指标测试(压碎值、洛杉矶磨耗损失、视密度、吸水率、与沥青的黏附性、细长扁平颗粒含量)。

八、筑路材料调查

筑路材料对工程质量、施工组织及工程造价影响巨大,应充分重视沿线地材的调查。

1.路面工程材料试验

一般包括以下项目:

(1)粗集料。颗粒分析、压碎值、针片状颗粒含量、含泥量、磨耗度、吸水率、磨光值、坚固性、冲击值、软弱颗粒含量、有机质含量等试验。

(2)细集料。颗粒分析、表观密度、含泥量、砂当量、有机质含量、坚固性、三氧化硫含量等试验。

2.工程用水的水质

水质可目测鉴定。必要时,取水样做水质分析,判明其对沥青混凝土的腐蚀性。

3.工程用水水源的可开采量

可开采量通过调查、勘探、测试或水文地质试验确定。以水库、堰塘、溪沟、泉水等作为水源时,应了解水量的季节性变化及其与灌溉或者其他用水的关系。

4.筑路材料运输

包括沿线筑路材料运输里程、运输方式,特别注意与交通组织方案结合,综合计算必要的绕行里程。

5. 沿线筑路材料初步勘测成果

(1)文字说明。按材料类别对其质量、数量、开采方法和运输条件进行评价，根据各项评价结论提出建议采用的料场。

(2)图表资料。包括沿线筑路材料料场表、沿线筑路材料供应示意图，大型料场平面图、勘探剖面图，储量计算表，材料试验汇总表，附图、附表和照片等。

第四章　详细勘测

在河北省现有的管理模式下，高速公路路面养护从项目的批准立项到实施，时间跨度一般为1~2年，故在详细勘测阶段，对路面技术指标进行复检是必要的，同时在大体方案确定后进行施工图设计前的详细勘测是施工图设计的基础。

详细勘测阶段即在初步勘测成果的基础上，进一步核查及细化既有路面技术状况，补充调查和检测，验证现阶段路面技术状况和主导养护措施的符合性，为施工图设计提供资料。

详细勘测对初步勘测阶段搜集的基础资料进行复核及补充。当复核发现既有公路路面结构、养护维修历史等资料与现状不符时，应配合钻探、物探等手段对其进行修正。

详细勘测是为具体项目的施工图设计服务的，不必计算PCI、RQI、RDI、SRI、PSSI等指标，所勘测内容与施工图设计紧密结合。主线路面详细勘测根据基础数据以及初步勘测成果进行单元划分及细化，分段分车道基本查明下列内容：

(1)路面详细破损状况。

(2)路面结构厚度。

(3)路面内部结构状况。

(4)路面材料性能。

(5)路面结构参数。

一、路面详细破损状况

路面破损详细勘测以自动化检测辅以人工检测，需要对所有车道进行勘测。沥青路面病害种类繁多，能够准确快速识别各类病害十分重要。但现行的规范、标准中对各类病害都只有相应的简单文字描述，而缺乏具体实用的图像型定义。同时，由于调查人员专业知识的差异性较大，调查质量往往不尽相同。因此，需要一个各类路面破损的实物标准，把抽象的文字定义转化为形象、具体的图文并茂的定义，规范路面破损的界定，从而避免由于调查人员个人知识以及对简单文字标准的不同理解而对同一种破损类型、破损程度的判定得出不同的结论。建议参考《高速公路沥青路面病害识别图册》的方法进行路面病害识别。现场勘测过程中路面病害分类及分级标准参见该图册。

裂缝病害发生较为普遍，对养护方案的制订影响较大，所以对裂缝病害的描述，除了要区别其严重程度以外，还应该对其发生的密度进行描述。在详细勘测阶段应按照相关要求对横缝间距、横缝贯通度、纵缝贯通度、裂缝密度进行统计分析。

路面详细破损状况检测：

(1)单元划分。评价单元一般取交通状况、病害类型相近的互通区间，可根据实际情况进行适当调整；检测单元可取50m。

(2)方法。路面详细破损状况检测应包括各种路面损坏类型的出现位置、破损形态、严重程度、折算维修面积等，宜采用人工统计的方式进行检测，采用自动化检测设备的应进行人工复核或抽验。

(3)范围。每个评价单元内各车道连续检测。

(4)详细破损检测。应对每一处路面病害进行详细描述，包括其所在路段桩号及横向位置。同时，应描述各类病害的发展形态，如修补位置、唧浆位置、横向裂缝间距、贯通度等，并计算折算维修面积RRA以及相应的折算维修面积率RA。

二、路面结构层

高速公路沥青路面在经过多年的运营以及多次养护维修之后，路面结构实际厚度较原设计厚度会产生一定程度的变化，如果同一评价单元内路面结构实际厚度离散性较大，会对路面养护方案产生一定的影响，所以在详细勘测阶段应对路面结构实际厚度进行检测。路面结构厚度包括沥青面层厚度、基层厚度和底基层厚度。一般情况下，在沥青路面中修养护中，准确地掌握沥青面层厚度即可满足施工图设计要求，但是对于大修工程，应同时对基层及底基层结构层厚度进行检测。

通过钻芯取样可直接测量沥青面层及基层结构的厚度，该方法是最精确的检测方式，但其只能是抽样检测，无法精确反映全线结构层厚度的连续变化情况。而探地雷达检测属于快速无损检测设备，其可对全线路面各结构层厚度进行连续检测，且利用不同检测频率的天线，可满足不同检测深度的要求，且具有良好的数据精度。

路面结构厚度检测应符合以下规定：

(1)方法。路面结构实际厚度包括沥青面层厚度、基层厚度等。可通过挖坑及钻芯法或者短脉冲雷达法进行测定，具体方法可参考《公路路基路面现场测试规程》(JTG E60—2008)。

(2)范围。一般情况下，采用钻芯取样的方法抽检主要车道；若项目有特殊需求，宜采用短脉冲雷达法对重要车道进行连续检测。

三、路面内部结构状况

结构内部病害类型主要包括结构松散破碎、脱空、含水率大、结构层间黏结不良等。钻芯取样及挖探坑可直接观测各结构层完整性、材料含水状况、结构层间黏结情况等,而通过雷达图谱的判读,也可定性地识别结构层内部缺陷的类型、发展层位及严重程度;另外,通过典型位置材料试验,可对各结构层材料力学强度进行检测,从而分析结构层强度匹配性。

路面内部结构状况检测:

(1)内部结构状况检测包括:结构层材料力学强度、结构内部损坏类型、病害发展层位及严重程度、结构层间黏结状况等。

(2)方法:内部结构状况检测可通过钻芯取样、探坑观测、探地雷达图谱判读等方式进行,钻芯取样检测方法参考附录 B。

(3)范围:在全部车道内进行抽样检测。应结合各检测单元折算维修面积率 RA 的统计情况合理选取检测点位,钻孔位置的选择可参考附录 B。对于初步勘测阶段折算维修面积率较大的检测单元进行钻芯取样检测。可根据现场病害情况适当增减检测点位。

(4)通过内部结构状况检测对初步勘测阶段计算的各单元 RRA 及 RA 进行复核修订。

四、路面材料性能

路面材料性能检测是病害成因分析的重要手段,同时其试验结果可为路面材料设计提供参考。对于路面结构芯样,应先根据原结构组合情况,利用切割机将各结构分离出来,再分别针对各结构层材料进行试验。其中,旧沥青性质包括针入度、延度及软化点等指标;混合料组成情况包括矿料级配、沥青含量、混合料空隙率等指标。

用于路面材料性能检测和用于结构内部状况检测的路面芯样位置选择要求不同,需要进行室内试验的芯样应在病害周围相对较好的位置或者对应的硬路肩的位置钻取,数量应能满足《公路工程沥青及沥青混合料试验规程》(JTG E20—2011)中对应各类试验最少试样数量的要求。

路面材料性能检测:

(1)旧路材料性能:包括旧沥青性能、沥青混合料组成情况、基层材料强度、土基材料性质等。

(2)方法。通过室内材料试验、动力贯入锥触探等方式进行检测。利用钻孔或切割取得的试验进行材料试验，若取得芯样中包含不同层位沥青混合料，应根据原结构组合情况将其分离后分别进行试验。各项材料试验方法可参见《公路工程沥青及沥青混合料试验规程》（JTG E20—2011）及《公路路基路面现场测试规程》（JTG E60—2008）。

（3）范围。在全部车道内进行抽样检测。结合各检测单元折算维修面积率 RA 的统计情况合理选取检测点位。对于初步勘测阶段折算维修面积率较大的检测单元进行钻芯取样检测。可根据现场病害情况适当增减检测点位。

五、路面结构参数

既有路面结构参数应包括土基顶面当量回弹模量、基层顶面当量回弹模量及路表面当量回弹模量等参数，通过承载板试验检测、动力贯入锥触探、弯沉盆反算等方法获得，各种检测方法可参考《公路路基路面现场测试规程》（JTG E60—2008）。

对于恢复或提高沥青面层使用功能为目的的养护工程可不进行路面结构参数试验分析。旧路结构参数主要用于结构力学验算。承载板试验是目前最直观，运用最成熟的检测方法，但其实施难度大，需破坏现有路面结构，且检测速度较慢；而采用动力贯入锥或落锤式弯沉仪检测数据，可反算出各结构层模量指标，其具有检测速度快，对原路面结构破坏轻微等特点，但反算公式需进行现场标定。

六、旧路面材料再生利用

（1）对于确定采用再生技术的单元，按照初步勘测的要求查明原路面历史信息、原路面技术状况、交通量、工程经济等。

（2）既有路面材料再生利用综合调查。既有路面材料再生利用调查应预估产生的 RAP 料总量，结合既有路面技术状况评价以及拟采取再生利用方式预估回收料利用率。调查 RAP 料存放场地，调查周边公路养护计划，综合考虑既有路面材料的再生利用，并给出合理化建议。

七、主线路面详细勘测成果

（1）文字说明。说明检测范围、检测时间、检测项目、检测方法及检测设备的技术参数和标定情况；分单元说明路面详细破损状况、路面结构实际厚度、路面内部结构状况、路面材料性能、路面结构参数。根据各项评价结论，对路面养护项目提出合理化并有针对性的建议。

（2）图表资料。包括路面技术状况各参数统计图表和照片等。

第五章　施工勘测

从设计开始至项目实施存在一个较长的过程，期间路面承担的荷载次数持续增加，路面病害的发展也在不间断地进行中，同时受目前检测手段的限制，对治理深度的确定也需要及时修正，因此进行施工勘测是必要的。施工勘测是施工图设计的一个不可或缺的环节，对有效控制施工质量和工程量至关重要，是设计文件落地的重要环节，也是养护专项工程的重要特点。

施工勘测应在施工前及施工中进行，若勘测发现路面技术状况变化较大，设计工程师应对养护方案进行动态调整或者做变更设计，施工中主要用于制订和修正深层挖补的深度及范围。

(1)施工前勘测应进一步查明沥青路面详细破损状况，对照检查施工图设计文件并进行必要的修正，为沥青路面病害治理施工提供资料。

(2)施工前勘测应充分利用初步勘测、详细勘测取得的各项成果，采用钻芯及挖探坑的方法对详细勘测结果进行复核，准确查明路面详细破损状况和路面内部结构状况。

(3)施工单位在施工前应结合设计文件中提供的路面技术状况检测评价结果，以设计文件中给定的段落范围为基础，进行徒步路况调查，经发包人、监理人、承包人、设计代表共同核实并确认病害治理范围和深度。

(4)对于详细勘测 RA≥30% 的检测单元应进行复核；对于详细勘测 RA 位于10% ~30%之间的检测单元逐一排查，结合病害发展情况补充钻芯，修正计算折算维修面积。

(5)施工勘测成果。

①文字说明。说明病害变化情况，分析病害变化原因，并统计各评价单元增加的病害折算维修面积。

②图表资料。包括病害折算维修面积增加统计表以及现场照片等。

第六章　勘测报告编制

勘测报告是养护专项工程设计的基础性支撑文件,应充分结合工程设计需要分别进行分阶段编制。初勘阶段应重点针对方案设计,详勘阶段应重点针对施工图设计,施工阶段勘测则在施工放样阶段和施工过程中进行。一般初勘阶段应以勘测报告的形式单独提交勘测成果。施工图阶段勘测报告可作为乙种文件或附录编入施工图设计文件。施工阶段勘测成果是设计文件的补充或变更文件,作为竣工文件的重要内容编入竣工档案。

(1)沥青路面养护工程勘测报告的编制利用勘测取得的各项路面技术状况资料,在综合分析的基础上进行,所依据的基础资料在使用前应进行整理、检查、分析。

(2)报告资料完整、内容翔实准确、重点突出,有明确的工程针对性,所做的结论应依据充分。

(3)报告分为初勘报告、详勘报告及施工阶段报告。报告由总报告及工点报告组成。

(4)总报告说明。包括以下内容:

①前言。任务依据、目的与任务、工程概况、执行的技术标准、勘测方法及勘测工作量布置情况、勘测工作过程等。

②基础资料调查与分析。公路等级、设计标准、路面结构、几何线形、养护历史、历年路况数据、历年交通量、轴载状况、气候条件、地质地貌、水文地质等。

③路面技术状况评价。包括勘测单元划分、路面破损状况评价、路面车辙状况评价、路面抗滑性能评价、路面平整度状况评价、路面结构强度状况评价、路面芯样物理力学性质及其设计参数评价等。

④其他工程评价分析。包括路基状况评价、排水状况评价、上跨构造物净空评价、护栏高度评价等。

⑤沿线主路材料。包括筑路材料的类别、产地、质量、数量和开采运输条件等。

⑥方案建议。根据各项评价结论,对路面养护项目提出合理化、针对性的建议。

(5)总报告图表。包括综合路面病害平面图、路面技术状况各参数统计表等。

(6)对于路基、桥隧构造物、互通匝道等独立勘测对象,编制工点报告。

下　篇

沥青路面养护工程设计

在公路养护设计中，现阶段缺少专门针对公路沥青路面大中修设计的系统技术和相关规范，实践中主要是借鉴新路设计规范提供的相关方法。

本篇以河北省高速公路沥青路面检测评价以及实体养护工程经验为基础，吸收了近些年来河北省高速公路路面养护相关科研成果，根据养护工程项目特点以及管理流程，梳理出一套高速公路沥青路面养护设计方法，供参考使用。

第七章　路面养护专项工程流程

高速公路沥青路面养护专项工程设计应包括既有路面调查与评价、病害诊断与养护需求分析、养护方案设计和施工图设计及施工前校验等内容。河北省高速公路沥青路面养护专项工程的主要工作流程如图 7-1 所示。

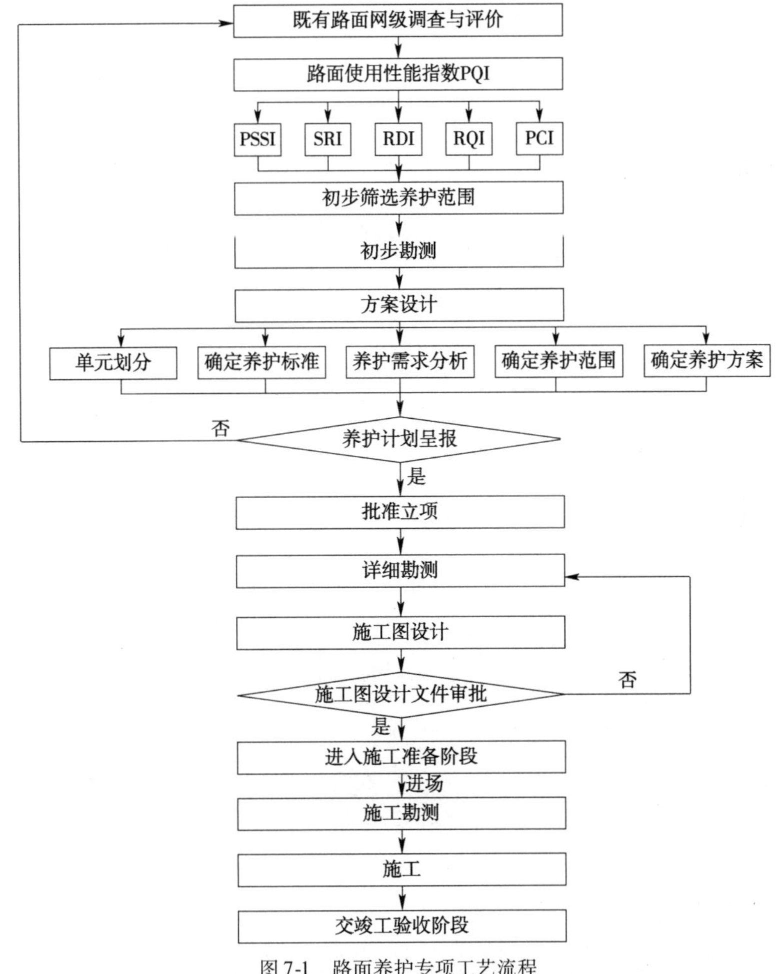

图 7-1　路面养护专项工艺流程

第八章　养护需求分析

一、一般原则

(1)养护需求应在单元划分的基础上进行养护标准、养护范围、养护性质分析。

(2)养护需求分析工作一般由项目管理单位针对管养整路段开展并提出，主要工作流程如图8-1所示。

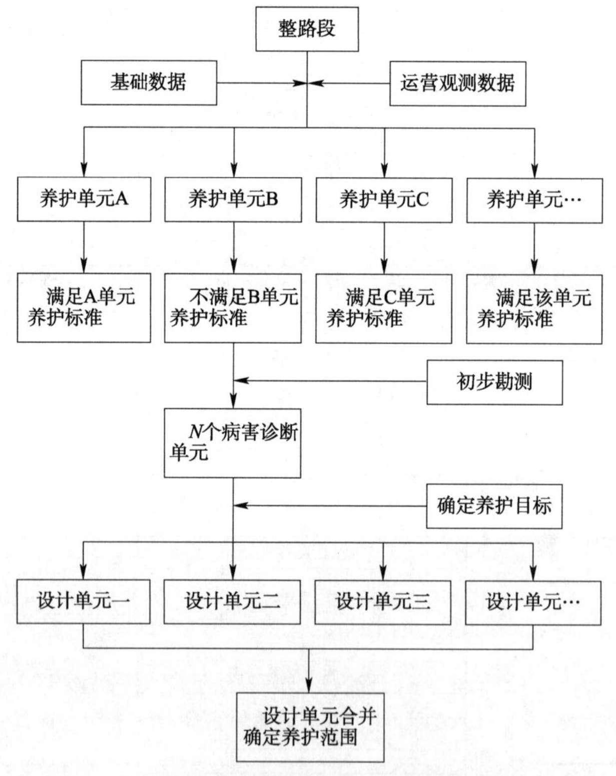

图8-1　养护需求分析工作流程图

二、单元划分

1. 养护单元划分原则

应根据基础数据、运营观测数据进行养护单元划分，根据初步勘测结果进行设

计单元划分。单元划分过程中,应遵循以下原则:

(1)均匀性。同一养护单元应具有相同或者相近的路面技术状况,对其应可采用相同或类似的维修方案。

(2)代表性。相邻养护单元的路况条件应具备代表性,与其余单元有明显区分。

(3)全面性。应充分利用现有各项检测数据,综合考虑全线路况分布特点,养护单元划分的结果应能体现管养单位的要求和意图。

2. 设计单元的长度

应能满足养护施工最小长度的要求,以便于施工及后期养护管理。

三、养护标准

1. 养护极限值

养护极限值为病害诊断单元路面技术状况阈值。当路况指标低于相应的阈值时,应采取相应的处置措施,以恢复路面功能。高速公路沥青路面养护极限值依据养护规范,可参考表 8-1 确定。

高速公路沥青路面养护极限值　　表 8-1

序　号	项　目		单　位	养护极限值
1	路面损坏状况	路面损坏状况指数 PCI	—	≥80
		路面破损率 DR	%	≤1.0
2	路面行驶质量	路面行驶质量指数 RQI	—	≥80
		国际平整度指数 IRI	m/km	≤3.5
3	路面车辙	路面车辙深度指数 RDI	—	≥80
		车辙深度 RD	mm	≤10.0
4	路面抗滑性能	路面抗滑性能指数 SRI	—	≥80
		横向力系数 SFC	—	≥40
5	路面结构强度	路面结构强度指数 PSSI	—	≥80
		路面结构强度系数 SSI	—	≥0.8

2. 养护质量值

养护质量值为养护单元路面技术状况阈值。当路况指标低于相应的阈值时,应对相应的养护单元采取养护工程。养护后应使整路段路面技术状况达到养护质量值要求。养护质量值在养护质量阈值的基础上综合考虑单元长度、交通状况、气候条件等因素确定。高速公路沥青路面养护质量阈值参考表 8-2 确定。

高速公路沥青路面养护质量阈值　　表 8-2

序　号	项　目	阈　值
1	路面使用性能指数 PQI	≥90
2	路面损坏状况指数 PCI	≥90
3	路面行驶质量指数 RQI	≥90
4	路面车辙深度指数 RDI	≥90

四、养护类型

1. 养护需求分级

用路面强度不足折算维修面积率、路面结构性病害折算维修面积率以及路面功能性病害折算维修面积率将设计单元的养护需求进行等级划分。养护需求分级参考表 8-3 确定。

养护需求分级　　表 8-3

序　号	折算维修面积率(RRA)	养护需求等级
1	0～10%	弱
2	10%～30%	中
3	≥30%	强

2. 养护性质

应根据各设计单元的养护需求分级、建养历史、交通荷载、路况水平及病害诊断结果,并结合管理单位的养护目标,参照图 8-2 综合确定其养护性质。

五、养护范围

(1)应根据各设计单元的养护需求分析以及养护资金情况综合确定养护范围。若养护单元内各设计单元路况差异较大,应结合养护资金分配情况适当调整其养护范围。

(2)若养护单元内各车道养护需求差异较大,应分车道确定其养护范围。

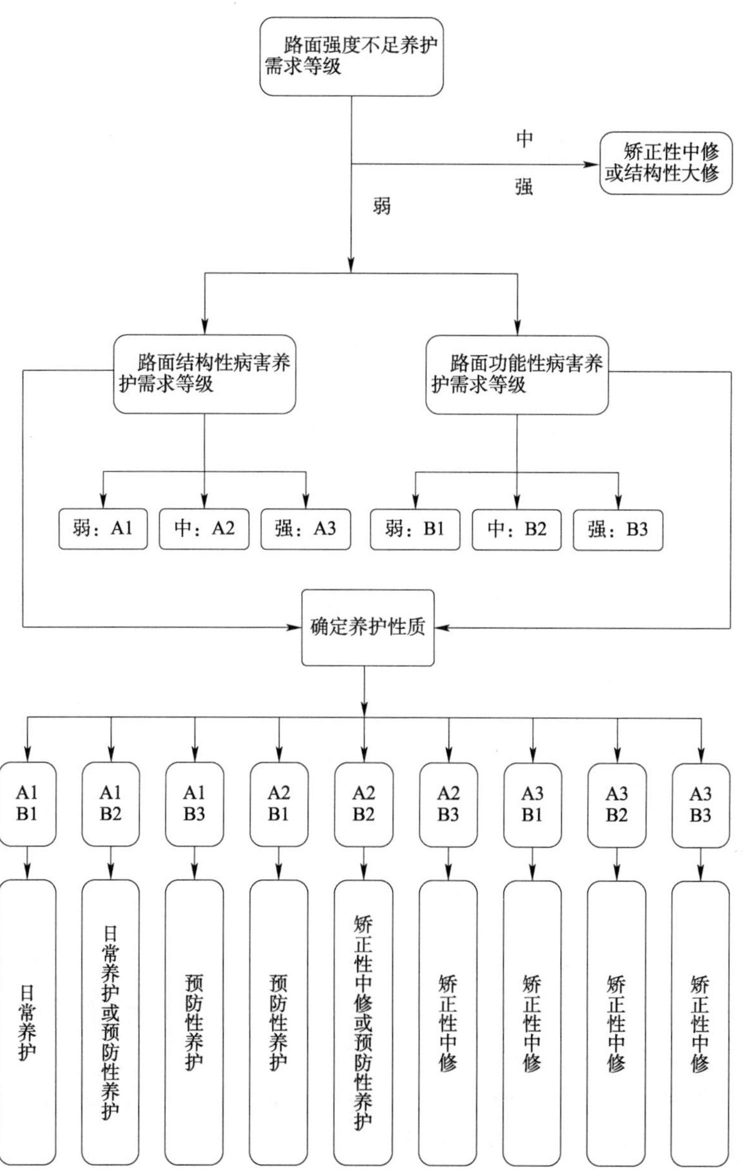

图 8-2　高速公路沥青路面养护类型判断示意图

第九章　方案设计

一、一般原则

（1）养护方案设计应根据初步勘测以及养护需求分析的结果，选择相应的主导养护措施。

（2）为方便施工组织和后期养护管理，同一养护单元内设计方案不宜过多。

（3）每个整体养护方案设计应有比较方案，或每个养护单元应有比较方案。

二、结构性大修专项工程

（1）确定为结构性大修的设计单元，养护方案设计包括确定设计年限、计算设计轴载、结构组合设计、结构力学验算和方案综合比选等内容。

（2）结构性大修设计年限一般应为10～15年，若有特殊使用要求适当调整。

（3）根据交通量调查与评价结果，按照《公路沥青路面设计规范》（JTG D50—2017）的相关要求计算设计年限内的累计当量轴次。

（4）结构性大修方案应根据设计年限内的累计当量轴次，结合各设计单元的旧路主要破损类型、旧路基层状况以及路面使用性能的要求，按照《公路沥青路面设计规范》（JTG D50—2017）的相关要求进行结构组合设计和结构力学验算。

三、矫正性中修专项工程

（1）确定为矫正性中修的设计单元，养护方案设计包括预期使用年限、养护措施选择和方案综合比选等内容。

（2）矫正性中修的预期使用年限根据交通量等级、旧路状况、养护措施、投资计划等因素综合确定，一般为5～8年。

（3）矫正性中修主导养护措施主要包括直接加铺罩面和铣刨后再加铺罩面两类。结合主导病害类型和产生原因、分布范围、病害治理成本、施工难易程度、处置效果等因素，确定主导养护措施。各设计单元可参照图9-1综合确定其主导养护措施。

（4）矫正性中修工程应对原路面病害进行处置。根据各段落、单元具体路面技术状况，原路面处理分为局部病害治理和路面整体处理两类。

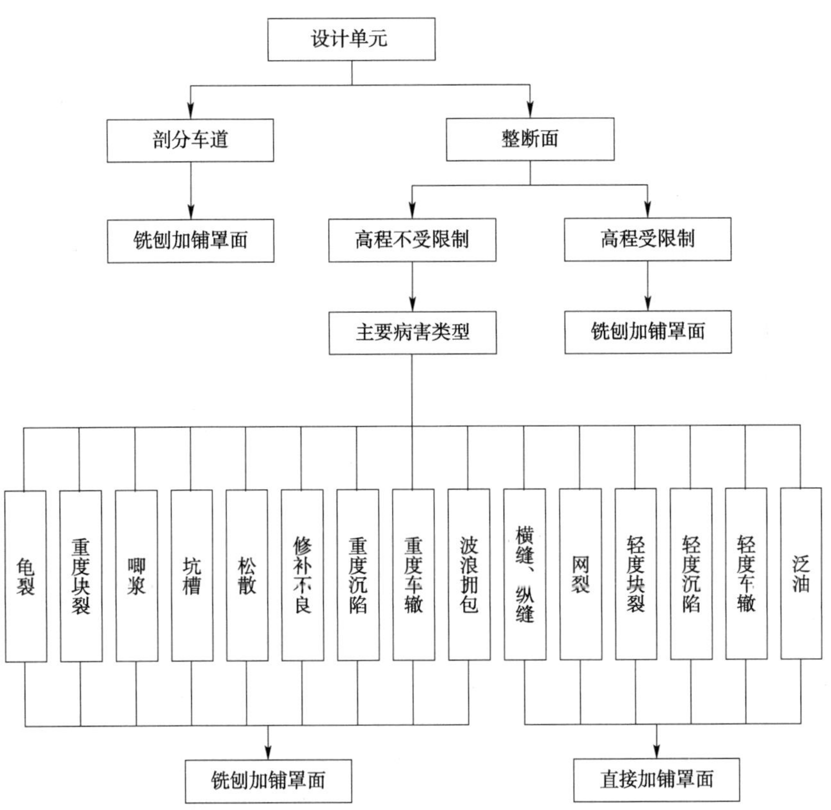

图 9-1 主导养护措施选择流程图

路面整体性处理为将原路面整段铣刨、回填的维修方案，适用于原路面结构层发生整段的结构性破坏，或路面病害集中的情况。当满足表 9-1 中条件之一时，宜采用路面整体性处理的方案。

路面整体性处理方案适用条件 表 9-1

序号	指　标(%)	范　围
1	路面破损率 DR	≥10
2	网裂面积率	≥10
3	修补面积率	≥10

路面整体性处理，采用分层铣刨的方式，上层铣刨后，检测分析下层的结构完整性，参照上表所列指标，确定是否继续铣刨下层。

对于原路面病害密度未达到表 9-1 规定范围的局部病害治理方案参照《高速公路沥青路面养护技术规范》(DB 13/T 2465)相关要求确定。

四、预防性养护

(1)确定为预防性养护的设计单元,养护方案设计包括确定预期使用年限、养护措施选择和方案综合比选等内容。

(2)预防性养护的预期使用年限根据交通量等级、旧路状况、投资计划等因素综合确定,一般为3~5年。

(3)对高速公路沥青路面各类常见损坏进行预防性养护可参考表9-2选择养护措施。

高速公路沥青路面常见损坏预防性养护措施 表9-2

损　坏	对　策				
	灌缝或封缝	雾状封层	沥青还原处置	微表处	罩面
纵向裂缝	√				√
横向裂缝	√				√
块裂				√	√
松散			√	√	√
车辙				√	√
抗滑能力减弱				√	√
不平整				√	√
沥青老化		√	√	√	√
渗水		√	√	√	√
泛油				√	√

注:√表示应选择的养护对策。

(4)预防性养护工程中应对主导养护措施无法彻底治理的病害按照《高速公路沥青路面养护技术规范》(DB 13/T 2465)相关要求进行彻底治理。

五、方案综合比选

(1)方案综合比选应从技术、经济、环境、交通影响及安全等方面因素综合分析,确定推荐方案。

(2)技术比选时,应综合考虑路面性能恢复情况、施工安全、施工难易程度、施工工期、环境保护与资源节约效果、本地区施工技术水平等因素,并结合实际养护工程需求,选择技术上合理的养护方案。

(3)经济比选时,可参考运用全寿命周期经济分析方法,选择分析期内全寿命周期费用最低的养护方案。

第十章　施工图设计

一、一般原则

(1)施工图设计在详细勘测的基础上对方案设计进行细化和补充完善。

(2)施工图设计包括结构组合设计、材料组成设计、路面排水设计、层间黏结设计、连接部、过渡段等特殊部位详细设计、交通组织设计等内容。

(3)施工图设计文件的编制可参照《公路工程基本建设项目设计文件编制办法》《河北省高速公路养护专项工程设计文件编制技术及图表示例》,并根据养护工程规模,合理组织、增减篇章及内容。

二、结构设计

(1)结构性大修工程按照《公路沥青路面设计规范》(JTG D50—2017)的相关要求进行结构组合设计。

(2)矫正性中修及预防性养护工程根据主导养护措施合理选择路面结构层厚度。

三、材料设计

(1)按照《公路沥青路面设计规范》(JTG D50—2017)和《公路沥青路面施工技术规范》(JTJ F40—2004)的相关规定进行材料组成设计,包括材料选择、配合比设计、设计参数确定和施工工艺要求等;旧路材料再生参照《公路沥青路面再生技术规范》(JTG F41—2008)的相关要求设计。

(2)沥青混凝土上面层宜选用 AC-C 型及 SMA 型。对于山区高速公路且重车比例较大路段,宜选用 AC-16C 型、SAC-13 型或 SMA-13 型;对于平原区高速公路,宜选用 AC-13C 型或 SMA-13 型,重交通或特重交通路段,宜选用 SMA 型。

(3)路用矿料除应按照《公路沥青路面设计规范》(JTG D50—2017)、《公路沥青路面施工技术规范》(JTG F40—2004)有关规定执行外,还应考虑以下因素:

①粗集料采用石质坚硬、清洁、不含分化颗粒、近立方体颗粒的碎石。上面层选用优质抗滑石料,例如玄武岩,其他层位采用石灰岩等碱性石料。采取可靠措施

提高沥青混合料的水稳定性。

②细集料采用碱性石料加工而成的机制砂，严禁使用天然砂、酸性石料破碎的机制砂、石屑等。细集料应洁净、干燥、无风化、无杂质，并有适当的颗粒级配。

③采用石灰岩或岩浆岩中的强基性岩石等憎水性石料经磨细得到的矿粉，矿粉应干燥、洁净、不成团块。不得使用拌和机回收粉尘。

（4）面层一般采用改性沥青，如 SBS 改性沥青、橡胶沥青等。改性沥青基质沥青以及沥青碎石用沥青宜采用 A 级 70 号道路石油沥青。橡胶沥青可以采用湿拌和干拌两种工艺，湿拌工艺适用于上面层，干拌工艺适用于中、下面层。橡胶沥青相关技术要求按照《废轮胎橡胶沥青及混合料技术标准》（DB 13/T 1013—2009）执行。

（5）对筑路材料进行现场取样，按照《公路沥青路面设计规范》（JTG D50—2017）等相关规范的要求，进行混合料的配合比设计。沥青混合料配合比设计采用马歇尔击实试验方法，对于有条件的工程项目建议采用 GTM 等试验方法，GTM 法设计相关技术要求按照《旋转压实剪切实验法（GTM）沥青混合料设计与施工技术规范》（DB 13/T 978—2008）执行。

（6）详细设计应按照《公路沥青路面施工技术规范》（JTG F40—2004）和《公路沥青路面再生技术规范》（JTG F41—2004）等的相关规定，明确各结构层混合料的施工工艺要求。

四、辅助层设计

（1）半刚性基层顶面喷洒透层，透层宜采用稀释沥青、乳化沥青等。

（2）各沥青混合料层之间喷洒黏层油，黏层油采用 SBS 改性乳化沥青，改性沥青用量宜采用 $0.4 \sim 0.6 L/m^2$。当两层沥青混合料之间设置黏结防水层时，可不专门喷洒黏层油。

（3）表面层与中面层之间设置黏结防水层，黏结防水层可采用 SBS 改性沥青。当 $4 \sim 5cm$ 罩面时，SBS 改性沥青用量宜为 $1.8kg/m^2$；当 $2.0 \sim 2.5cm$ 薄层罩面时，SBS 改性沥青用量宜为 $1.2kg/m^2$。沥青喷洒后应立即均匀撒布单一粒径（$9.5 \sim 13.2mm$）石灰岩，撒布量以 $55\% \sim 60\%$ 面积覆盖为度。

五、排水设计

路面排水包括路表排水、路面内部排水和路面边缘排水等。路面排水系统应与公路其他相关排水系统相结合，按照《公路排水设计规范》（JTG/T D33—2012）的规定进行设计。

1. 路表排水

(1)设置拦水带汇集路面表面水时,过水断面内的水面不得漫过右侧车道外边缘。在设置路侧钢护栏的路段,拦水带的横向位置要保证拦水带迎车面不超出护栏横梁正面;对路基设置连续实体混凝土护栏的路段,应采取措施使路表水透过护栏底部排向路基边坡,确保路表水不滞留在路侧防撞护栏底部。

(2)拦水带的顶面应略高于过水断面的设计水面,由于罩面等路面养护造成拦水带顶面高度不足时,应对其进行养护改造。拦水带宜采用沥青砂或水泥混凝土预制,在季冻区及受盐侵蚀破坏的路段,宜采用现浇沥青砂。

(3)在凹形竖曲线的底部、超高段内侧等汇水量大、排水不畅路段应加密设置泄水口,或沿土路肩设置由水泥混凝土预制的U形路肩边沟。

(4)采用直排方式的超高段、中央分隔带开口等路段应采取措施,保证排水顺畅。

2. 路面内部排水

(1)在凹形竖曲线的底部、超高段内侧等路表面渗入路面结构的水量大,仅设置路面边缘排水系统难以迅速排除,路面内部出现滞留水造成沥青路面水损坏的路段,可在面层下设置排水基层。排水基层可采用沥青处置的不含或含少量粒径4.75mm以下细料的开级配碎石材料,也可采用未经结合料处置的开级配碎石材料。

(2)对于存在唧浆或发生水损坏路段,采用渗井排出层间积水。渗井布孔位置设置在发生唧浆的裂缝处,孔径为10cm,孔深应打入路基工作区以下3m以上,或天然地基砂土层,孔内回填1~3cm碎石至沥青层底面。

(3)桥面沥青混凝土铺装层边缘取消中面层铺装,设置宽20cm的碎石盲沟,盲沟与泄水口相接,碎石盲沟材料采用20~25mm等粒径级配,含泥量小于0.2%。

3. 路面边缘排水

(1)选用开级配沥青混合料做表面层时,应设置配套的路面边缘排水系统将渗入水排引出路基。

(2)设置排水基层时,应在排水基层外侧边缘设置纵向集水沟,并设置横向排水管。

六、病害治理设计

对主导养护措施无法彻底治理的病害按照《高速公路沥青路面养护技术规范》(DB 13/T 2465)相关要求对原路面进行挖补治理。

(1)原路面处理分为路面整体处理和局部病害治理两类。

(2)对于病害集中、RA较大的检测单元采取路面整体处理的方案。路面整体病害挖补宜整车道进行,以详细勘测及施工勘测成果为基础,结合经济性和施工便利性等因素综合确定病害治理范围。可参照表10-1确定病害治理方案。

病害治理方案　　表10-1

序　号	方　案	适用范围
一	挖补表面层	(1)横、纵向裂缝密集路段; (2)仅涉及表面层的龟裂、块裂、坑槽、重度松散、车辙等病害连续路段
二	挖补两层沥青层	(1)横、纵向裂缝密集,且裂缝已经发展至中面层造成中面层松散的连续路段; (2)中上面层出现较大变形的车辙路段
三	挖补全部沥青面层	支缝发育、存在沉陷变形、伴有唧浆、基层开裂的横纵向裂缝路段
四	挖补全部沥青面层及上基层	(1)支缝发育、存在沉陷变形、伴有唧浆、基层松散的横纵向裂缝路段; (2)基层损坏引起的龟裂、块裂、沉陷、车辙、波浪和拥包等病害
五	渗井	存在连续唧浆或发生水损坏路段
六	灌缝并铺设用于路面裂缝防治的土工合成材料	裂缝间距大于10m的横向裂缝,单纯纵向裂缝,且无沉陷、唧浆等其他病害路段

(3)对于原路面病害密度较小的局部病害治理方案参照《高速公路沥青路面养护技术规范》(DB 13/T 2465)相关要求确定。

(4)病害挖补治理要进行搭接设计。沥青路面结构层间采用阶梯形接缝,相邻两幅及上、下层横向接缝应错开1~2m,纵向接缝上、下层应错开10~15cm,并应满足《公路沥青路面施工技术规范》(JTG F40—2004)相关要求,接缝侧壁刷涂改性乳化沥青以增加黏结性。

七、特殊部位设计

(1)设置伸缩缝的大中桥面不宜进行直接罩面处置。桥面沥青混凝土铺装病害宜采取铣刨重铺全部沥青层方式处置。并加强桥面防水、排水系统设计。

(2)罩面路段以桥头伸缩缝为控制点设置纵坡为0.1%的过渡段。

(3)长大纵坡路段路面面层应具有良好的抗车辙、抗滑能力,可掺加玄武岩纤维或抗车辙剂等提高沥青混凝土动稳定度。

(4)隧道采用与相邻路段相同的沥青混凝土类型;长、特长隧道一般采用温拌技术施工。

八、动态设计

(1)动态设计通过施工勘测实现,对施工图设计进行校验及优化完善。

(2)动态设计以客观、经济、及时、合理为原则。

(3)动态设计流程如图10-1所示。

九、交通组织设计

(1)沥青路面养护工程交通组织设计充分考虑道路特征、公路里程、交通量大小、工程实施特点等因素。

①交通量较小,有平行道路作为分流道路,且工期较短的路段,可采用全封闭式交通组织形式。

②采用分离式路基或者有中央分隔带的道路,可采用半幅封闭式交通组织形式。其中,施工路段较长且有平行道路分流的道路可采用半幅分流的组织形式;施工路段较短或交通量较小的路段可采用半幅双向行驶的组织形式。

③在保证施工安全与车辆行驶安全的情况下,可采用封闭部分车道的交通组织形式。

④根据施工路段车型特点,可采用全幅区分车型分流或半幅区分车型分流的交通组织形式。

⑤根据具体道路施工特点,可在不同的施工阶段、不同的施工路段灵活组合应用交通组织形式。

(2)在满足施工机械台班工作量,利于大规模机械化作业平面展开的基础上,充分考虑过往车辆通行的顺畅,结合中央分隔带开口、互通式立交或平面交叉出入口的具体位置,灵活设置养护作业控制区段。

(3)公路养护作业控制区布置、安全设施配备及养护安全作业应符合《公路养护安全作业规程》(JTG H30)的相关规定。

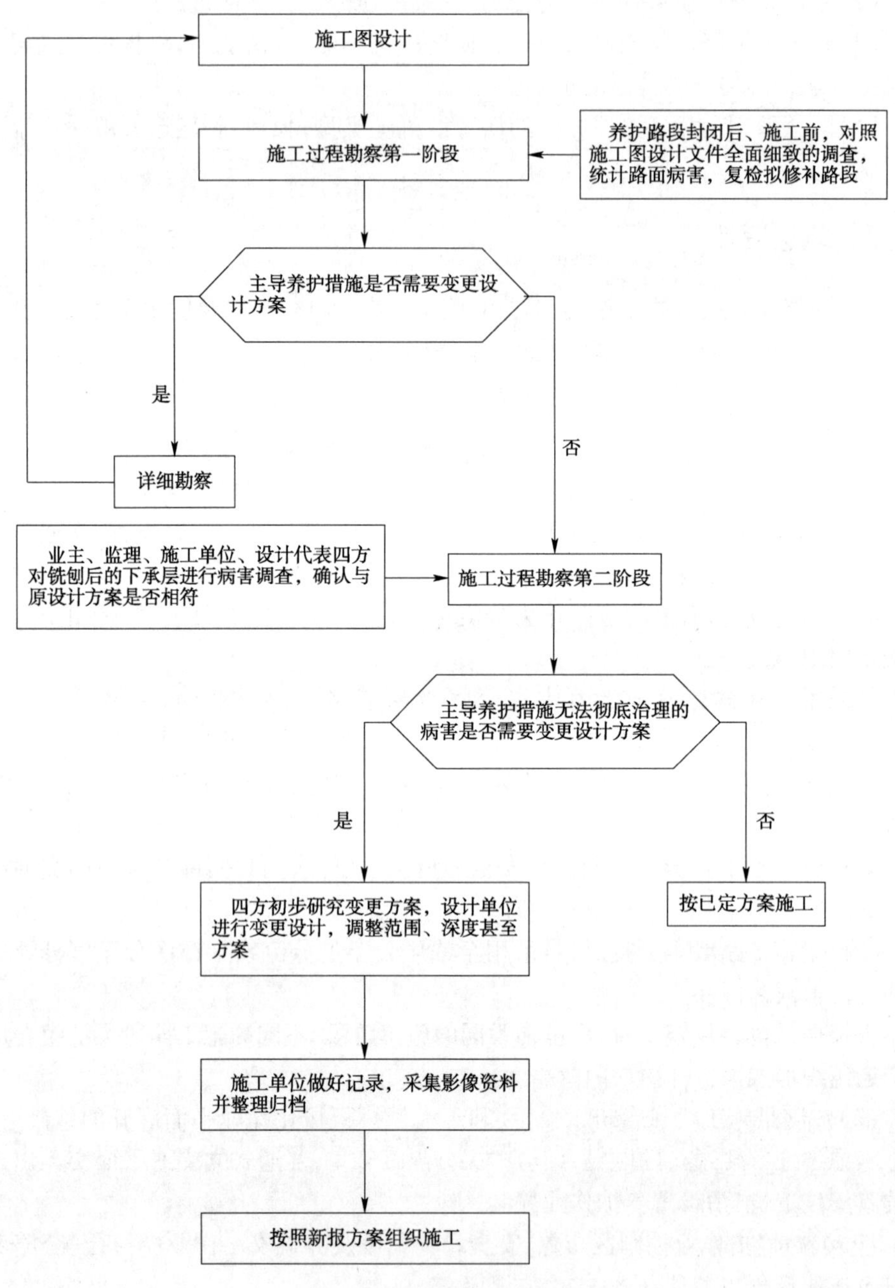

图 10-1　动态设计流程图

第十一章　高速公路沥青路面养护设计文件编制

第一节　方案设计

一、目的与要求

(1)路面养护专项工程方案设计的目的是基本确定设计方案及工程费用。根据立项申请书、测设合同的要求,拟订修建原则,选定设计方案、拟订施工方案,计算工程数量及主要材料数量,编制设计概算,提供文字说明及图表资料。经审查批复后的方案设计文件,则为安排重大科研试验项目、编制施工图设计文件和控制建设项目投资等的依据。

(2)确定为大修的设计对象,养护方案设计包括确定设计年限、计算设计交通量、结构组合设计、结构力学验算和方案综合比选等内容。确定为中修或预防性养护的设计对象,养护方案设计包括确定预期使用年限、结构组合设计和方案综合比选等内容。

(3)加强路面养护方案的结构组合设计和结构力学验算,提高路面功能性能与结构强度的协调匹配性,并采用全寿命周期经济分析方法评价各养护方案的长期经济效益,推荐养护方案。

(4)根据各设计对象的养护需求,结合设计年限和交通量分析结果,至少提出2个设计方案进行比选,并应明确推荐方案。

(5)养护方案设计包括旧路病害治理方案的选择。

(6)方案设计在初步勘测基础上完成。包括以下内容:

①收集既有公路的基础资料(建成年代、技术等级、路基路面宽度、路幅布置、路面结构及厚度、历次大中修情况、养护历史、交通量等)。

②根据前期调查的路面使用状况及检测结果,通过分析病害产生的原因,针对性地提出病害治理方案,绘制病害治理设计图;对严重或特殊的病害应根据实地情况重点设计。

③根据既有路面技术状况，提出路面设计方案（包括路面结构方案比选、各路段的加铺结构类型、材料、厚度、翻修以及路面排水系统、路肩加固等设计，必要时要进行经济比较），绘制路面结构图。

④提出互通匝道、桥头、超高路段等特殊路段及工点的加铺或补强方案，绘制相应工点的设计方案图。

⑤提出安全设施恢复及附属工程的设计方案，绘制标志、标线、护栏调整、排水设施改造、分隔带改造等方案设计图。

⑥落实沿线筑路材料的质量、储藏量、供应量及运距，绘制筑路材料运输示意图。

⑦计算各项工程数量。

⑧提出施工组织计划。

⑨确定路面养护施工期间的交通组织设计方案图。

⑩提出人工数量及主要材料、机具、设备的规格及数量。

⑪编制路面养护工程方案设计概算。

二、组成与内容

方案设计文件由下列九篇及附件所组成：

(1)第一篇：总体设计。

(2)第二篇：既有路面技术状况评价（初勘报告成果及结论）。

(3)第三篇：路线及安全设施设计。

(4)第四篇：路面病害治理及维修设计。

(5)第五篇：其他工程设计。

(6)第六篇：筑路材料。

(7)第七篇：施工组织计划。

(8)第八篇：交通组织设计。

(9)第九篇：方案设计概算。

(10)附件：基础资料（初勘报告）。

（一）第一篇：总体设计

1. 项目地理位置示意图

示出本项目路线在交通网络中的关系及沿线主要城镇、工矿区等的概略位置。

2. 养护路段位置示意图

示出养护路段在全线上的位置及每一段的起终点桩号。

3. 设计说明书

(1)项目概况。

①项目背景。说明养护项目的工程规模、建设标准、建设年代、原路技术标准，原路路面结构，历年养护情况，沿线自然地理状况等基础资料。

②交通量分析。对既有公路的历史和现状，现有的交通量及组成，适应情况及存在的问题等进行说明，并预测交通量的发展。

③测设经过。简要说明整个勘测测量、设计过程。

④项目范围。整理出本次养护路段的起讫桩号及段落。

(2)设计依据及原则。

①设计依据。国家及河北省现行的相关标准、规范、规程；养护专项工程相关文件；施工图设计文件、竣工图、后评估报告及管理、养护资料等；调查收集的相关区域社会经济、交通运输及自然条件等资料。

②设计原则。根据本项目交通状况、路面技术状况，综合考虑长期养护规划、养护资金分配、既有路面材料再生利用、节能环保等多方面的因素确定设计原则。

(3)既有路面技术状况检测及评价。

①既有路面技术状况主要检测内容及过程：应说明检测范围、检测时间、检测项目、检测方法及检测设备的技术参数和标定情况、主要工作量、室内试验的种类及数量等。

②路面病害现状。分评价单元说明病害类型、程度、分布趋势等，附主要、特殊病害的照片。

③互通匝道、桥隧、特殊路基等单独工点路段路面病害现状分工点说明病害类型、程度、分布趋势等，附主要、特殊病害的照片。

④路面排水状况调查。说明全线路表排水状况、结构内部排水状况及地下排水设施排水效果等，附相关现场照片。

⑤路面高程调查。说明全线路面结构层厚度、上跨构造物净空、护栏高度等，附相关现场照片。

⑥路面病害钻芯检测。说明钻芯目的、钻芯位置的选取原则、钻芯数量、钻芯位置在各评价单元的分布情况、钻芯现场记录情况及相关照片、相关室内试验结果。

⑦病害成因分析。结合路面病害现场调查及钻芯检测情况分析病害成因。

⑧路面技术状况评价。路面损坏状况结果与评定、路面结构强度(PSSI)结果与评定、路面行驶质量(RQI)结果与评定、路面车辙深度(RDI)结果与评定、路面使用性能指数(PQI)结果与评定、分单元进行折算维修面积统计及评价。

(4)路线及安全设施设计。

①路线设计。说明既有公路路线技术指标;说明设计标准变化理由、技术指标采用原则;路线平面、纵断面拟合设计说明;部分路段改线或局部路线调整。

②安全设施设计。说明路面标线、防撞护栏、轮廓标等安全设施设计方案。

(5)路面病害治理及维修设计。

①单元划分。根据既有路面调查评价结果,对项目路段进行养护单元及设计单元划分。

②养护需求分析。根据养护标准,结合既有路面技术状况进行养护需求分析,测算典型断面累计轴载,养护需求分析应包括确定养护性质、设定养护目标。

③同区域内类似工程经验分析。

④主导养护措施方案设计。包括以下内容:

a. 路面结构组合设计方案论证。

b. 路面材料组成设计方案论证。内容包括沥青混合料类型、沥青、集料等。

c. 沥青混合料配合比设计方法论证。

d. 主导养护措施设计方案比选。应从技术、经济、施工等方面进行综合比选。

⑤主导养护措施不能彻底治理的路面病害治理方案设计。

⑥单独工点设计方案。包括以下内容:

a. 互通立交匝道。

b. 收费站广场。

c. 桥面铺装。

d. 隧道路面。

e. 特殊路基路段。

f. 长大纵坡路段。

g. 主线站广场等。

⑦其他细节设计方案。包括以下内容:

a. 路面排水。

b. 层间黏结。

c. 上跨构造物净空。

d. 中央分隔带开口。

e. 路面衔接。

f. 桥涵构造物顺坡衔接。

g. 桥头跳车等。

(6)其他工程设计。

未列出的工程设计项目。

(7)路面材料再生利用。

预估产生的 RAP 料总量,并对 RAP 料进行技术评价。结合既有路面技术状况评价以及拟采取再生利用方式预估回收料利用率。调查 RAP 料存放场地,调查周边公路养护计划,综合考虑既有路面材料的再生利用,并给出具体方案。

(8)筑路材料。

①沿线筑路材料种类、质量、储量、供应量、运输条件与运距。

②主要料场分布情况。

③主要材料采购及运输等情况。

(9)施工组织计划。

①养护工程施工组织、施工期限、主要工程的施工方法、工期、进度及措施。

②主要材料供应、运输方案及临时工程的安排。

③对缺水、风沙、高原、严寒等地区以及冬季、雨季施工所采取的措施。

④对交通工程及沿线设施施工协调和分期实施有关问题的说明。

⑤施工准备工作的意见(如拆迁、用地、修便道、便桥、临时房屋、架设临时电力设施等)。

(10)交通组织设计。

①交通组织设计原则。分析项目路段及影响范围的路网内道路技术等级、交通组织、交通流特性、气候特征的基础上,结合既有路面技术状况、养护方案、施工工期安排以及造价等综合因素,确定交通组织设计基本原则。

②区域交通组织。

a. 路网状况分析。应对沿线路网可能分流路径的等级,路面结构、桥梁荷载、交通量、养护计划、收费站、收费标准、道路规划、重大活动等进行详细调研和整理,为制定路网分流方案提供基础资料。

b. 路网分流方案。应对施工路段通行能力及服务水平分析,确定三级服务水平下所能服务的最大交通量,同时对路网交通量分析,评价路网能否容纳所需分流的交通量,再根据养护工程实施计划对交通组织的时段进行划分,确定路网分流路径和分流点的设置。对于大型工程的路网分流宜考虑三个层次,即:诱导点、分流点、管制点。

③局部路段交通组织设计。根据互通区间、设计单元、构造物分布等确定路段总体保通方案。结合路面养护方式,确定作业区布置设计,包括作业区的布置方式,作业区的标志和标线、有源信号设施等。

④特殊工点交通组织设计。包括互通匝道、桥梁、隧道等。

⑤交通组织管理体系及应急预案。应组成强有力组织机构、完善交通组织管理体系。应针对各施工阶段的交通组织形式,制订详细、可操作的救援及预案措施,包括路段警力分布,应急开口的管理及启动机制、救援车辆的配置、管理人员的配备等。

(11)主要工程量及方案设计概算。

①主要工程量:归纳各方案的主要工程量。

②方案设计概算。包括以下内容:

a.编制原则、依据,编制范围。

b.进行各工程方案比选时的造价计算说明。

c.推荐方案的总概算额。

(12)下阶段应解决的问题及注意事项。

4.其他

相关批复、意见及执行情况。

(二)第二篇:既有路面技术状况评价

(1)养护周期内路面技术状况运营观测对比图表、沥青老化程度及残余寿命分析成果、断面交通量历史累计轴载测算成果。

(2)路面损坏状况指数(PCI)统计图表。

(3)路面行驶质量指数(RQI)统计图表。

(4)路面车辙深度指数(RDI)统计图表。

(5)路面抗滑指数(SRI)统计图表。

(6)路面结构强度指数(PSSI)统计图表。

(7)路面折算维修面积(RRA)统计图表。

(8)路面折算维修面积(RA)统计图表。

(9)路面现场钻芯资料统计表及照片。

(10)互通匝道平面图。

(11)互通匝道路面技术状况各参数统计图表。

(12)桥涵构造物一览表。

(13)桥涵构造物路面技术状况各参数统计图表。

(14)桥头跳车统计表。

(15)特殊路基分布一览表。

(16)特殊路基段路面技术状况各参数统计表。

(17)超高段排水方式统计一览表。

(18)排水设施损坏一览表。

(19)全线沥青路面水损坏一览表。

(20)全线上跨构造物净空一览表。

(21)各评价单元护栏高度统计表。

(22)各评价单元路面结构层厚度统计表。

(23)中央分隔带开口一览表。

(三)第三篇:路线及安全设施设计(根据项目特点选择必要内容)

(1)路线平面图。示出地形、地物、路线位置及桩号、平曲线主要桩位与其他交通路线的关系以及县以上境界等、标注平面控制点和高程控制点及坐标网格和指北图式,示出涵洞、桥梁、隧道、路线交叉(标明交叉方式和形式)位置、中心桩号、尺寸及结构类型等。示出该段道路技术状况指标、主要病害类型及处置措施,并示意出主要改路、改渠等。图中列出平曲线要素表。标注地形图的坐标和高程体系以及中央子午线经度或投影轴经度,比例尺采用1:2000。

(2)路线纵断面图。示出网格线、高程、地面线、设计线、竖曲线及其要素,重点养护工程桥涵、隧道、路线交叉的位置。桥梁按桥型、孔数及孔径标绘,注明桥名、结构类型、中心桩号、设计水位;示出特殊路段的路基路面结构层状况;跨线桥示出交叉方式;隧道按长度、高度标绘,注明名称;涵洞通道按桩号及底高绘出,注明孔数及孔径、结构类型、水准点(位置、编号、高程)及断链等。水平比例尺与平面图一致,垂直比例尺视地形起伏情况可采用1:200、1:400或1:500。图的下部各栏示出地质概况、填挖高度、地面高程、设计高程、坡长及坡度、直线及平曲线(包括缓和曲线)、超高、桩号。

(3)直线、曲线及转角调整表。列出交点号、交点桩号、交点坐标、偏角、曲线各要素数值、曲线控制桩号、直线长、计算方位角或方向角、备注路线起讫点桩号、坐标系统等。

(4)纵坡、竖曲线调整表。

(5)总里程及桩号调整表。列出总里程、测量桩号等。

(6)公路用地调整变化表。列出用地起讫桩号、长度、宽度、所属县、乡、村,土地类别及数量等。

(7)公路调整用地图。示出路线用地界线(变宽点处注明前后用地宽度及里程桩号),土地类别、分界桩号及地表附着物,土地所属县、乡等。高速公路、一级公路在用地范围以外还应标出建筑红线。比例尺采用1:500~1:2000。

(8)赔偿树木、拆迁建筑物表、拆迁电力、通信设施调整表。列出各项所在桩号、交叉角度、所属单位或所有者、用途、拆迁长度、设备种类和数量等。

(9)控制测量调整成果表。列出导线点编号、点名、坐标、边长、方位角及高程等并注明坐标系统、高程系统及中央子午线经度或投影轴经度。水准点表,列出水准点编号、高程、位置等。

(10)安全设施调设计。按不同结构类型分别绘出标志、护栏、隔离栅、轮廓标、防眩板等安全设施的一般构造设计图,以及标准路段的标线、突起路标布置图。示出结构类型及主要尺寸,列出主要材料数量表。比例尺用1∶5~1∶100。

(四)第四篇:路面病害治理及维修设计

(1)路基标准横断面图。示出路中心线、行车道、拦水带、路肩、路拱横坡、边坡、护坡道、边沟、落碎台、截水沟、用地界碑等各部分组成及其尺寸,路面宽度及路面结构。高速公路整体式路基、分离式路基分别绘制,还应示出中央分隔带、缘石、左侧路缘带、硬路肩(含右侧路缘带)、护栏、隔离栅、预埋管道(如果有)等设置位置。比例尺采用1∶100~1∶200。

(2)主线路面病害治理工程数量表。列出路面病害治理段落起止桩号、长度、宽度、方向及车道位置、处治方案、各结构层名称、厚度、数量、各段落内主要病害类型等。

(3)主线路面病害治理设计图。绘出路面病害挖补治理平面及坡面设计图,并用示出路面标线位置;绘出路面裂缝治理设计图(灌缝、铺设坑裂贴或土工织物);绘出渗井设计图等。

(4)主线主导养护措施路面工程数量表。分方向列出起止桩号、长度、宽度、结构类型、厚度、数量。

(5)主线主导养护措施路面结构设计图。示出自然区划、设计参数,示出路缘石、拦水带、路肩石等,分单元绘出推荐方案的路面结构与厚度。

(6)主线主导养护措施路面结构设计方案比较图(表)。列出比较方案,绘制比较方案图,比较各方案的优缺点、工程造价等,并做出推荐。

(7)特殊工点路面工程数量表。列出特殊工点路段路面病害治理起止桩号、长度、宽度、方向及车道位置、处治方案、各结构层名称、厚度、数量、特殊工点类型及段落内主要病害类型等。

(8)特殊工点路面养护方案设计图。绘出特殊路基路段路面养护方案设计图、长大纵坡路段路面养护方案设计图、主线站广场路面养护方案设计图、隧道路面养护方案设计图、桥涵构造物路面养护方案设计图、桥头跳车治理设计图、小构造物罩面层开槽处理设计图、上跨构造物净空不足处治设计图等。

(9)特殊工点路面养护设计方案比较图(表)。示出各特殊工点比较方案,绘制比较方案图,比较各方案的优缺点、工程造价等,并做出推荐。

(10)互通匝道路面工程数量表。分匝道列出起止桩号、长度、宽度、结构类型、厚度、数量。

(11)互通匝道路面结构设计图。示出自然区划、设计参数,示出路缘石、拦水带、路肩石等,绘出推荐方案的路面结构与厚度。

(12)互通匝道路面结构设计方案比较图(表)。示出比较方案,绘制比较方案图,比较各方案的优缺点、工程造价等,并做出推荐。

(13)路面衔接部位设计图。绘出桥面与路面衔接部位设计图、互通匝道与主线路面衔接部位设计图、服务区出入口衔接部位设计图等。

(14)路面排水工程数量表。列出起止桩号、工程名称、单位、数量等(包括拦水带维修更换、路肩石维修更换、路缘石维修更换、急流槽维修更换、超高段排水改造等)。

(15)路面排水工程设计图。绘出主要排水工程一般设计图。列出每延米(或每处)工程数量表。

(16)中央分隔带开口处理工程数量表。

(17)中央分隔带开口处理设计图。

(五)第五篇:其他工程设计

(1)其他工程数量表。

(2)其他工程设计图。

(六)第六篇:筑路材料

(1)沿线筑路材料料场表。列出材料名称、位置、桩号、上路桩号及运距、材料及料场状况、材料品质(指满足工程设计需求情况)、储藏量、供应量、覆盖层种类及厚度、成料率、开采运输方式,所需便道、便桥长度等。

(2)材料试验资料表。分别列出不同原材料的物理力学性质(必要时包括化学性质)及工程设计中所需的混合料的试验结果,并列出各种材料的料场或产地、取样地点、取样时间等。试验项目应根据设计所需确定。

(3)沿线筑路材料供应示意图。示出路线的桩号、主要工程和按施工组织方式布置的路面沥青混凝土和集料集中加工厂及路线两侧主要料场的位置,材料(包括外购材料)上路桩号及运距。计算运距时可根据施工组织设计及招标段落划分情况，考虑集中预制、集中拌和因素，根据不同单元分段计算筑路材料平均运距。

（七）第七篇：施工组织计划

（1）工程概略进度图。根据项目工可批复的施工期限，施工条件以及施工方案按季度和月进行概略安排。列出工程项目单位、数量，按季度和月示出各项工程施工起止时间、浮动时间、衔接时间。

（2）施工便道主要工程数量表。列出施工便道的长度、宽度、便桥数量等。

（3）其他临时工程一览表。列出工程名称（拌和场、预制场、电力线等）、地点或桩号、工程项目及数量等。

（4）公路临时用地表。列出位置或桩号、工程名称、隶属（县、乡、个人）长度、宽度、土地类别及数量等。

（八）第八篇：交通组织设计

（1）路线绕行表。

（2）交通分流指示牌设置一览表。

（3）交通分流指示牌设计示意图。

（4）一般路段路面养护作业布置图。

（5）特殊工点路面养护作业布置图。

（九）第九篇：方案设计概算

方案设计概算应按交通部现行《公路基本建设工程概算、预算编制办法》《公路工程预算定额》及河北省相关规定编制。

（十）附件

（1）原工程施工图、竣工图等设计文件、基础资料。

（2）《初步勘测报告》。

（3）立项申请书。

（4）主管部门批复意见。

（5）设计合同。

（6）专题研究。

（7）测量资料。

第二节　施工图设计

一、目的与要求

(1)施工图设计应根据方案设计及主管部门立项批复意见、测设合同的要求,拟进一步对所审定的修建原则、设计方案、技术决定加以具体和深化,最终确定各项工程数量,提出文字说明和适应施工需要的图表资料以及施工组织计划,并编制施工图预算,满足审批的要求,适应项目施工需要。

(2)应按照《公路沥青路面设计规范》(JTG D50)和《公路沥青路面施工技术规范》(JTG F40)的相关规定进行材料组成设计,包括材料选择、配合比设计、设计参数确定和施工工艺要求等;旧路材料再生应符合《公路沥青路面再生技术规范》(JTG F41)的相关要求。

(3)应根据沿线料场分布和材料性能检测结果,并结合材料性能要求和地区路面使用经验,选择路面材料。

(4)应对筑路材料进行现场取样,按照《公路沥青路面设计规范》(JTG D50)等相关规范的要求,进行混合料的配合比设计。

(5)应选取各结构层混合料的实测设计参数,按《公路沥青路面设计规范》(JTG D50)的相关规定,进行路面养护方案的结构力学验算。

(6)应根据旧路现状调查和旧路病害状况,结合水文地质情况,对现有排水系统进行改造完善。

(7)应结合路面养护方案,对排水系统缺失的路段进行排水系统的补充设计。

(8)路面养护工程应根据道路特征、公路里程、交通量大小、工程实施特点等因素进行交通组织设计。

(9)施工图设计以详细勘测为基础完成。包括以下内容:

①收集既有公路的基础资料(建成年代、技术等级、路基路面宽度、路幅布置、路面结构及厚度、历次大中修情况、养护历史、交通量等)。

②根据调查的路面使用状况及检测结果,绘制路面病害分布图;通过分析病害产生的原因,针对性地提出病害治理方案,绘制病害治理设计图;对严重或特殊的病害应根据实地情况重点设计。

③根据既有路面技术状况,提出路面设计方案(包括各路段的加铺结构类型、材料、厚度、翻修以及路面排水系统、路肩加固等设计),绘制路面结构图。

④提出互通匝道、桥头、超高路段等特殊路段及工点的加铺或补强方案,绘制

相应工点的设计详图。

⑤提出安全设施恢复及附属工程的设计方案,绘制标志、标线、护栏调整、排水设施改造、分隔带改造等设计详图。

⑥落实沿线筑路材料的质量、储藏量、供应量及运距,绘制筑路材料运输示意图。

⑦计算各项工程数量。

⑧提出施工组织计划。

⑨确定路面养护施工期间的交通组织设计图。

⑩提出人工数量及主要材料、机具、设备的规格及数量。

⑪编制路面养护工程施工图设计预算。

二、组成与内容

施工图设计文件由下列八篇及附件所组成。

(1)第一篇:总体设计。

(2)第二篇:路线及安全设施设计。

(3)第三篇:路面病害治理及维修设计。

(4)第四篇:其他工程设计。

(5)第五篇:筑路材料。

(6)第六篇:施工组织计划。

(7)第七篇:交通组织设计。

(8)第八篇:施工图设计预算。

(9)附件:基础资料。

(一)第一篇:总体设计

1.项目地理位置示意图

示出本项目路线在交通网络中的关系及沿线主要城镇、工矿区等的概略位置。

2.养护路段位置示意图

示出养护路段在全线上的位置及每一段的起终点桩号。

3.设计说明书

(1)项目概况。

①项目背景:简要说明本路段高速公路概况、建设年限、建设标准、运营概况、项目的主要服务对象、在国(或省)主干线路网中的重要作用,以及对国民经济发展的作用。

②交通量分析：对既有公路的历史和现状，现有的交通量及组成，适应情况及存在的问题等进行说明，并预测交通量的发展。

③测设经过：简要说明整个勘察测量、设计过程。

④项目范围：整理出本次养护路段的起讫桩号及段落。

（2）设计依据及原则。

①设计依据。国家及河北省现行的相关标准、规范、规程；养护专项工程相关文件；施工图设计文件、竣工图、后评估报告及管理、养护资料等；调查收集的相关区域社会经济、交通运输及自然条件等资料。

②设计原则。根据本项目交通状况、路面技术状况，综合考虑长期养护规划、养护资金分配、既有路面材料再生利用、节能环保等多方面的因素确定设计原则。

（3）路线及安全设施设计。说明路线调整及安全设施。

（4）路面病害治理及维修设计。说明路面养护方案及比选论证情况。

（5）其他工程设计。

（6）筑路材料。说明沿线筑路材料、水、电等建设条件与公路建设的关系。

（7）施工组织计划。

（8）交通组织设计。

（9）动态设计及监控方案说明。

4. 附件

工程可行性研究报告、方案设计批复意见、勘测设计合同的必要内容、有关指示、协议和纪要等复印件。

（二）第二篇：路线及安全设施设计

1. 说明

（1）方案设计批复意见执行情况。

（2）工程概况。

（3）设计原则及依据。

（4）路线平面、纵断面设计说明。

（5）安全设施设计说明。

（6）材料要求。

（7）施工注意事项。

2. 路线平面图

示出地形、地物、路线位置及桩号、平曲线主要桩位与其他交通路线的关系以及县以上境界等、标注平面控制点和高程控制点及坐标网格和指北图式，示出涵洞、桥梁、隧道、路线交叉(标明交叉方式和形式)位置、中心桩号、尺寸及结构类型等。示出该段道路技术状况指标、主要病害类型及处置措施,并示意出主要改路、改渠等。图中列出平曲线要素表。标注地形图的坐标和高程体系以及中央子午线经度或投影轴经度,比例尺采用1:2000。

3. 路线纵断面图

示出网格线、高程、地面线、设计线、竖曲线及其要素,重点养护工程桥涵、隧道、路线交叉的位置。桥梁按桥型、孔数及孔径标绘,注明桥名、结构类型、中心桩号、设计水位;示出特殊路段的路基路面结构层状况;跨线桥示出交叉方式;隧道按长度、高度标绘,注明名称;涵洞通道按桩号及底高绘出,注明孔数及孔径、结构类型、水准点(位置、编号、高程)及断链等。水平比例尺与平面图一致,垂直比例尺视地形起伏情况可采用1:200、1:400 或1:500。图的下部各栏示出地质概况、填挖高度、地面高程、设计高程、坡长及坡度、直线及平曲线(包括缓和曲线)、超高、桩号。

4. 直线、曲线及转角表

列出交点号、交点桩号、交点坐标、偏角、曲线各要素数值、曲线控制桩号、直线长、计算方位角或方向角、备注路线起讫点桩号、坐标系统等。

5. 纵坡、竖曲线调整表

略。

6. 总里程及断链桩号表

列出总里程、测量桩号、断链桩号断链(增长、减短)、断链累计(长链、短链)、换算连续里程等。

7. 公路用地调整变化表

列出用地起讫桩号、长度、宽度、所属县、乡、村,土地类别及数量等。

8. 公路调整用地图

示出路线用地界线(变宽点处注明前后用地宽度及里程桩号),土地类别、分界桩号及地表附着物,土地所属县、乡等。高速公路在用地范围以外还应标出建筑红线。比例尺采用1:500~1:2000。

9. 赔偿树木、青苗表

列出桩号、位置、所有者、树木、青苗类别及数量等。

10. 砍树挖根数量表

列出桩号、长度、宽度,以及除草、砍灌木林、砍树挖根、挖竹根的数量等,也可与耕地填前夯(压)实数量表、挖淤泥排水数量表放在一起列入路基工程中。

11. 拆迁建筑物表

列出建筑物所在路线的桩号、距路中心线的距离(左右),所属单位或个人、建筑物种类及数量等。

12. 拆迁电力、通信设施表

列出各项设施所在桩号、交叉角度、所属单位、用途、拆迁长度、设备种类和数量等(需要时应根据电压进行分类合计)。

13. 路线逐桩坐标表

高速公路、一级公路编制本表。列出桩号,纵、横坐标等并注明坐标系统及中央子午线经度或投影轴经度。

14. 控制测量成果表

即导线点成果表,列出导线点编号、点名、坐标、边长、方位角及高程等并注明坐标系统、高程系统及中央子午线经度或投影轴经度。水准点表,列出水准点编号、高程、位置等。

15. 安全设施

和项目有关的安全设施相关图表。

(三)第三篇:路面病害治理及维修设计

1. 说明

(1)方案设计批复意见执行情况。

(2)工程概况。包括以下内容:

①基础资料。说明养护项目的工程规模、建设标准、建设年代、原路技术标准,原路路面结构,历年养护情况,沿线自然地理状况等基础资料。

②测设经过。简要说明整个勘察测量、设计过程。

③单元划分。说明本项目设计单元(标段或合同段)划分情况。

(3)既有路面技术状况检测及评价。包括以下内容:

①既有路面技术状况主要检测内容及过程。应说明检测范围、检测时间、检测项目、检测方法及检测设备的技术参数和标定情况、主要工作量、室内试验的种类及数量等。

②路面病害现状。分评价单元说明病害类型、程度、分布趋势等,应附主要、特殊病害的照片。

③互通匝道、桥隧、特殊路基等单独工点路段路面病害现状。分工点说明病害类型、程度、分布趋势等,应附主要、特殊病害的照片。

④路面排水状况调查。说明全线路表排水状况、结构内部排水状况及地下排

水设施排水效果等,应附相关现场照片。

⑤路面高程调查。说明全线路面结构层厚度、上跨构造物净空、护栏高度等,应附相关现场照片。

⑥路面病害钻芯检测。说明钻芯目的、钻芯位置的选取原则、钻芯数量、钻芯位置在各评价单元的分布情况、钻芯现场记录情况及相关照片、相关室内试验结果。

⑦病害成因分析。结合路面病害现场调查及钻芯检测情况分析病害成因。

⑧路面技术状况评价。路面损坏状况结果与评定、路面结构强度(PSSI)结果与评定、路面行驶质量(RQI)结果与评定、路面车辙深度(RDI)结果与评定、路面使用性能指数(PQI)结果与评定、分单元进行折算维修面积统计及评价。路面结构实际厚度、路面内部结构状况、路面材料性能、路面结构参数评价。

(4)路面养护设计方案。主要包括以下内容:

①主导养护措施方案设计。

②主导养护措施不能彻底治理的路面病害治理方案设计。

③单独工点设计方案。

a. 互通立交匝道。

b. 收费站广场。

c. 桥面铺装。

d. 隧道路面。

e. 特殊路基路段。

f. 长大纵坡路段。

g. 主线站广场等。

④其他细节设计方案。

a. 路面排水。

b. 层间黏结。

c. 上跨构造物净空。

d. 中央分隔带开口。

e. 路面衔接。

f. 桥涵构造物顺坡衔接。

g. 桥头跳车等。

(5)材料组成及技术要求。

①沥青混合料。

a. 原材料技术要求。包括沥青、粗集料、细集料、填料等。

b. 混合料配合比设计和技术要求。包括目标配合比设计、混合料技术要求、验收标准等。

②其他材料。如水泥、水、抗裂贴、治理桥头跳车注浆材料等。

(6)施工要求及注意事项。

(7)动态设计及监控方案说明。

2. 设计图表

(1)路基标准横断面图。示出路中心线、行车道、拦水带、路肩、路拱横坡、边坡、护坡道、边沟、落碎台、截水沟、用地界碑等各部分组成及其尺寸,路面宽度及路面结构。高速公路整体式路基、分离式路基分别绘制,还应示出中央分隔带、缘石、左侧路缘带、硬路肩(含右侧路缘带)、护栏、隔离栅、预埋管道(如果有)等设置位置。比例尺采用1:100～1:200。

(2)主线路面病害分布图(详勘报告)。

(3)互通匝道路面病害分布图(详勘报告)。

(4)主线路面病害治理工程数量表。列出路面病害治理段落起止桩号、长度、宽度、方向及车道位置、处治方案、各结构层名称、厚度、数量、各段落内主要病害类型等。

(5)主线路面病害治理设计图。绘出路面病害挖补治理平面及坡面设计图,并用示出路面标线位置;绘出路面裂缝治理设计图(灌缝、铺设坑裂贴或土工织物);绘出渗井设计图等。

(6)主线主导养护措施路面工程数量表。分方向列出起止桩号、长度、宽度、结构类型、厚度、数量。

(7)主线主导养护措施路面结构设计图。示出自然区划、设计参数,示出路缘石、拦水带、路肩石等,分单元绘出推荐方案的路面结构与厚度。

(8)特殊工点路面工程数量表。列出特殊工点路段路面病害治理起止桩号、长度、宽度、方向及车道位置、治理方案、各结构层名称、厚度、数量、特殊工点类型及段落内主要病害类型等。

(9)特殊工点路面养护方案设计图。绘出特殊路基路段路面养护方案设计图、长大纵坡路段路面养护方案设计图、主线站广场路面养护方案设计图、隧道路面养护方案设计图、桥涵构造物路面养护方案设计图、桥头跳车治理设计图、小构造物罩面层开槽处理设计图、上跨构造物净空不足处理设计图等。

(10)互通匝道路面工程数量表。分匝道列出起止桩号、长度、宽度、结构类型、厚度、数量。

(11)互通匝道路面结构设计图。示出自然区划、设计参数,示出路缘石、拦水带、路肩石等,绘出推荐方案的路面结构与厚度。

(12)路面衔接部位设计图。绘出桥面与路面衔接部位设计图、互通匝道与主线路面衔接部位设计图、服务区出入口衔接部位设计图等。

(13)路面排水工程数量表。列出起止桩号、工程名称、单位、数量等(包括拦水带维修更换、路肩石维修更换、路缘石维修更换、急流槽维修更换、超高段排水改造等)。

(14)路面排水工程设计图。绘出主要排水工程一般设计图。列出每延米(或每处)工程数量表。

(15)中央分隔带开口处理工程数量表。

(16)中央分隔带开口处理设计图。

(四)第四篇:其他工程设计

1. 说明

(1)方案设计批复意见执行情况说明。

(2)工程概况。

(3)其他工程设计方案。

(4)材料组成及技术要求。

(5)施工要点及注意事项。

2. 设计图表

(1)其他工程数量表。

(2)其他工程设计图。

(五)第五篇:筑路材料

1. 说明

(1)方案设计批复意见执行情况说明。

(2)沿线筑路材料质量、储量及采运条件的说明。

(3)大型料场的说明。

(4)与地方政府就料场开采、运输的意向协议等。

2. 设计图表

(1)沿线筑路材料料场表。列出材料名称、位置、桩号、上路桩号及运距、材料及料场状况、材料品质(指满足工程设计需求情况)、储藏量、供应量、覆盖层种类及厚度、成料率、开采运输方式,所需便道、便桥长度等。

(2)材料试验资料表。分别列出不同原材料的物理力学性质(必要时包括化学性质)及工程设计中所需的混合料的试验结果,并列出各种材料的料场或产地、取样地点、取样时间等。试验项目应根据设计所需确定。

(3)沿线筑路材料供应示意图。示出路线的桩号、主要工程和按施工组织方式布置的路面沥青混凝土和集料集中加工厂及路线两侧主要料场的位置,材料(包括外购材料)上路桩号及运距。计算运距时可根据施工组织设计及招标段落划分情况,考虑集中预制、集中拌和因素,根据不同单元分段计算筑路材料平均运距。

(六)第六篇:施工组织计划

1.说明

(1)方案设计批复意见执行情况说明。

(2)养护工程设计施工组织总体设计说明。

(3)养护工程施工组织、施工期限、主要工程的施工方法、工期、进度及措施。

(4)主要材料供应、运输方案及临时工程的安排。

(5)对缺水、风沙、高原、严寒等地区以及冬季、雨季施工所采取的措施。

(6)对交通工程及沿线设施施工协调和分期实施有关问题的说明。

(7)施工准备工作的意见(如拆迁、用地、修便道、便桥、临时房屋、架设临时电力设施等)。

2.设计图表

(1)工程概略进度图。根据项目工可批复的施工期限,施工条件以及施工方案按季度和月进行概略安排。列出工程项目单位、数量,按季度和月示出各项工程施工起止时间、浮动时间、衔接时间。

(2)施工便道主要工程数量表。列出施工便道的长度、宽度、便桥数量等。

(3)其他临时工程一览表。列出工程名称(拌和场、预制场、电力线等)、地点或桩号、工程项目及数量等。

(4)公路临时用地表。列出位置或桩号、工程名称、隶属(县、乡、个人)长度、宽度、土地类别及数量等。

(七)第七篇:交通组织设计

1.说明

(1)方案设计批复意见执行情况说明。

(2)交通组织设计原则。分析项目路段及影响范围的路网内道路技术等级、交通组织、交通流特性、气候特征的基础上,结合既有路面技术状况、养护方案、施工工期安排以及造价等综合因素,确定交通组织设计基本原则。

(3)区域交通组织。

①路网状况分析。应对沿线路网可能分流路径的等级,路面结构、桥梁荷载、交通量、养护计划、收费站、收费标准、道路规划、重大活动等进行详细调研和整理,为制定路网分流方案提供基础资料。

②路网分流方案。应对施工路段通行能力及服务水平分析,确定三级服务水平下所能服务的最大交通量,同时对路网交通量分析,评价路网能否容纳所需分流的交通量,再根据养护工程实施计划对交通组织的时段进行划分,确定路网分流路径和分流点的设置。对于大型工程的路网分流宜考虑三个层次即诱导点、分流点、管制点。

(4)局部路段交通组织设计。应根据互通区间、设计单元、构造物分布等确定路段总体保通方案。应结合路面养护方式,确定作业区布置设计,包括作业区的布置方式,作业区的标志和标线、有源信号设施等。

(5)特殊工点交通组织设计。包括互通匝道、桥梁、隧道等。

(6)交通组织管理体系及应急预案。应组成强有力组织机构、完善交通组织管理体系。应针对各施工阶段的交通组织形式,制定详细、可操作的救援及预案工作。包括路段警力分布,应急开口的管理及启动机制、救援车辆的配置、管理人员的配备等。

(7)与交警部门就交通组织的意向协议等。

2. 设计图表

(1)路线绕行表。

(2)交通分流指示牌设置一览表。

(3)交通分流指示牌设计示意图。

(4)一般路段路面养护作业布置图。

(5)特殊工点路面养护作业布置图。

(八)第八篇:施工图设计预算

1. 说明

(1)方案设计批复意见执行情况说明。

(2)编制依据。

(3)定额选用、有关单价及费用标准。

(4)主要工程数量及施工图预算。

(5)施工图预算与工可估算费用对比情况说明。

2. 设计图表

施工图设计预算应按现行《公路基本建设工程概算预算编制办法》《公路工程预算定额》及其他相关规定编制。

(九)附件

(1)原工程施工图、竣工图等设计文件、基础资料。
(2)各阶段《勘测报告》。
(3)立项申请书。
(4)方案设计文件。
(5)主管部门批复意见。
(6)设计合同。
(7)专题研究。
(8)测量资料。

第三节　设计成果的提交

提交设计成果的基本要求:

(1)立项申请报告由主报告及附件两部分组成。主报告采用 297mm × 210mm (A4);附件图册采用 420mm × 297mm(A3)。工程可行性研究报告封面颜色采用墨绿色。

报告的文本格式:

章标题字体:小二黑体。

节标题字体:三号黑体。

条标题字体:小三黑体。

正文字体:采用小四宋体;行间距采用 1.5 倍行距。

页码:五号宋体。

数字和字母:Times New Roman。

(2)方案设计和施工图设计文件幅面尺寸应采用 420mm × 297mm(A3 横式)。设计文件应装订成册,每册不宜过厚或过薄,以便于使用和保管。

各种设计图纸的幅面尺寸一般采用 297mm × 420mm。必要时可增大幅面,其尺寸应符合《道路工程制图标准》(GB 50162)的规定。送审的图纸应按 297mm × 420mm 折叠,也可按 210mm × 297mm 折叠,但必须按 210mm × 297mm 折叠归档;交付施工的图纸可不折叠。

(3)设计文件每册封面上一般应列出养护工程路段及里程全长、设计阶段及设计文件名称、册数(第××册　共××册)、设计单位名称。

设计文件每册扉页的内容应包括养护项目路段及里程全长、设计阶段及设计文件名称、勘测设计证书等级及编号、各级负责人签署,参加设计人员姓名、职务、职称,及工作项目或内容、设计文件编制年月。

设计预算文件可单独成册。

设计文件每册应有目录。

设计文件中的图表均应由相应资格的设计、复核、审核人员签署。

送审的设计文件封面颜色:方案设计为淡绿色,施工图设计文件为奶油白色或象牙白色。

(4)设计文件中的计量单位应采用《中华人民共和国法定计量单位》;公路工程名词应采用《公路工程技术标准》(JTG B01)、《公路工程名词术语》(JTJ 002)、《道路工程术语标准》(GBJ 124)及有关技术规范、规程所规定的名词,无规定时可采用习惯使用的名词。

(5)中间稿设计审查时,设计单位应提供设计简本并将其制作成多媒体文件,设计审查时必须同步用书面和多媒体进行汇报。

(6)所有重要的有价值的试验资料、设计计算资料,以及按保密法划分为密级以上的原始资料均不附入设计文件中,但应整理归档备查。

(7)设计文件报送主管部门或委托单位的份数为:工程可行性研究报告报告主报告16份,附件图表册10份;两阶段方案设计第一篇16份,其他各篇10份;施工图设计8份;一阶段施工图设计14份。如需要增加份数可与设计单位协商解决。

(8)为便于施工、运营、养护等工作,建设单位可与设计单位协商,在提交纸质文件的同时,提交对应的电子文件。

①提交的电子文件应与纸质文件完全一致,包括文件名称、版式、内容等。

②为保证电子文件的通用性和易用性,文件保存格式应采用国际上较为通用的数据格式,如DWG、DOC、XLS等。

③电子文件应保存在较为通用的存储设备中(如光盘等)提交,以便保存、浏览。

附录 A　折算维修面积率计算方法

A.0.1　定义

折算维修面积(RA):折算维修面积是指对坑槽、沉陷、裂缝等病害进行机械修补作业的折算维修面积。折算维修面积大于病害的实际面积,修补范围的轮廓线与路面中心线平行或者垂直。

折算维修率(RRA):设计单元和评价单元中折算维修面积和单元总面积的比值,以百分数表示。

A.0.2　计算方法

项目级沥青路面技术状况评价典型损坏按损坏的维修方式及工艺要求分级。根据各类(项)病害治理的工艺按照折算维修面积计量。

各类(项)沥青路面损坏的分级指标及计量方法见表 A-1。

项目级技术状况评价路面损坏类型分级指标及计量方法　　表 A-1

损坏名称	分级	定义及分级指标	折算维修面积(m^2)
网裂	—	主要发生于沥青路面表面层,裂缝发展无明显规律,裂缝块度小,缝宽细小,深度浅	$(L+0.60)\times(B+0.60)$
龟裂	—	在路面上呈相互交错的小网格状。裂缝块度大部分集中在 20 ~ 50cm,裂缝发展层位深,裂区无变形或有轻度变形或散落	$(L+0.90)\times(B+0.90)$
块状裂缝	轻	大部分裂缝块度大于 1.0m,裂区无石料散落,裂缝缝细;在 3mm 以内;块裂边距小于 3m	$(L+0.30)\times(B+0.30)$
	重	主要裂缝块度在 0.5 ~ 1.0m,裂缝发展层位深,裂区有石料散落,裂缝较宽,大于 3mm	$(L+0.60)\times(B+0.60)$

续上表

损坏名称	分级	定义及分级指标	折算维修面积(m^2)
横缝	轻	缝细、裂缝壁无散落或有轻微散落，无支缝或有少量轻微支缝，裂缝宽度在3mm以内	$L\times0.1$
	重	缝宽、裂缝深度贯通整个面层，且横向贯通一条以上车道、裂缝壁有散落并伴有较多严重支缝，并伴有破损、啃边等，主要缝宽大于3mm	$L\times2.0$
纵缝	轻	缝细、裂缝壁无散落或有轻微散落，无支缝或有少量支缝，裂缝宽度在3mm以内	$L\times0.2$
	重	缝宽、裂缝壁有散落、有较多严重支缝，缝深贯通整个面层，主要缝宽大于3mm	$L\times0.5$
唧浆	—	水通过沥青层渗入，使基层、面层软化、膨胀，在荷载连续作用下，细小颗粒从空隙喷射出来的现象	$L\times B$
坑槽	—	路面破坏成坑洼状，且一定区域内多发，曾连续出现	$(L+0.60)\times(B+0.60)$
松散	—	指路面结合料失去黏结力、集料松动，路面粗集料散失、脱皮、麻面、露骨，表面剥落、有小坑洞	$(L+0.60)\times(B+0.60)$
修补	良好	龟裂、坑槽、松散、沉陷、车辙等的修补（不包括整车道修补且修补长度大于50m的修补面积），分为修补后完好者和再次损坏者	—
	不良		$(L+0.30)\times(B+0.30)$

续上表

损坏名称	分级	定义及分级指标	折算维修面积（m^2）
沉陷	轻	发生于局部范围内的不均匀变形，无错台，一般可正常行车，但影响舒适性	$(L+0.60)\times(B+0.60)$
	重	发生于局部范围内的不均匀变形，存在 2cm 以上的错台高差，影响行车舒适性和安全	$(L+0.90)\times(B+0.90)$
车辙	轻	轮迹带纵向带状辙槽，辙槽浅，深度在 10～15mm 之间	$L\times0.4$
	重	轮迹带纵向带状辙槽，辙槽深，深度 15mm 以上	$L\times3.75$
波浪拥包	轻	波峰波谷高差小，高差在 10～25mm 之间	$(L+0.30)\times(B+0.30)$
	重	波峰波谷高差大，高差大于 25mm	$(L+0.60)\times(B+0.60)$
泛油	—	路面沥青被挤出或表面被沥青膜覆盖形成发亮的薄油层；呈局部斑块状或连续片状	$L\times B$

注：1. 纵向指与行车方向平行的方向，横向指与行车方向垂直的方向。

2. 按面积计量的路面损坏，损坏面积指包含单个损坏或者按规定连续计量的相邻损坏且边长垂直或者平行于道路轴线的矩形面积。

3. L 代表病害长度，B 代表病害宽度，均应满足施工机械作业要求，单位为 m。

4. 除单条裂缝外，龟裂、坑槽、块状裂缝、唧浆、车辙等相邻病害的间距小于该病害损坏区域的同向尺寸时应按连续面积计量。

5. 10% 原则指在确认单条裂缝的严重程度时，如果这条裂缝至少 10% 的部分处在一个较高的严重等级，那么该条裂缝就被评定为较高的等级。例如：一条裂缝长 2.0m，有 0.25m 的部分属于高等级严重程度，其余部分属于中等程度，那么该条裂缝就应被评定为高等级的严重程度。

附录B 路面钻芯取样方法

B.0.1 目的与适用范围

钻芯取样为路面原位检测试验，是路面内部结构状况最直观的反映，可以用来评价路面结构组合状况、结构内部损坏状况，结构层间黏结状况等。钻芯取样的目的为：

（1）确定病害类型、发展层位、严重程度，以便准确的计算RRA。

（2）评价路面内部结构状况。包括路面结构组合状况、结构内部损坏状况，结构层间黏结状况等，诊断路面病害产生原因。

（3）确定路面结构实际厚度。

（4）评价既有路面材料性能。包括体积参数、路用性能以及力学参数的评价，进一步分析病害成因，本方法不适用于以了解混合料级配为目标的取样。

B.0.2 仪具与材料技术要求

（1）路面取芯钻机：牵引式（可用手推）或车载式，钻机由发动机或电力驱动。钻头直径根据需要决定，选用ϕ100mm或ϕ150mm钻头，均有淋水冷却装置。

（2）量尺：钢板尺、卷尺、3m直尺、卡尺等。

（3）补坑材料：成品冷补料。

（4）补坑用具：夯、锤子等。

（5）盛样器：纸箱或铁盘等。

（6）试样标签。

（7）其他：信息记录板、镐、凿子、小铲、毛刷、棉纱、粉笔、胶带等。

B.0.3 准备工作

1. 制订钻芯计划、确定路段

根据路面技术状况调绘结果，并根据勘测阶段确定钻芯数量；统计各评价单元内钻芯总量，合理安排作业段，一天不能完成时以一天可完成的工程量划分路段。

2. 确定取样位置

(1)钻芯取样为有损检测手段,无论补坑质量如何均会对原路面结构造成一定程度损害,钻孔位置根据实际情况尽量选在拟进行病害治理的范围内。

(2)根据病害类型及钻芯目的确定钻孔具体位置,钻孔位置的确定可参考表 B-1 执行。

钻 孔 位 置　　表 B-1

序号	损坏类型	钻芯目的				钻孔深度
		确定病害程度计算 RRA	路面内部结构状况评价	确定路面结构实际厚度	既有路面材料性能评价	
1	龟裂	裂缝交织处	裂缝交织处	相同检测单元病害周围表面相对完好处	相同检测单元病害周围表面相对完好处、对应位置硬路肩处	钻至基层
2	块状裂缝	裂缝交织处	裂缝交织处	相同检测单元病害周围表面相对完好处	相同检测单元病害周围表面相对完好处、对应位置硬路肩处	钻至基层
3	纵向裂缝	骑缝位置、纵缝末端	骑缝位置、纵缝末端	相同检测单元病害周围表面相对完好处	相同检测单元病害周围表面相对完好处	钻至基层
4	横向裂缝	骑缝位置、横缝末端	骑缝位置、横缝末端	相同检测单元病害周围表面相对完好处	相同检测单元病害周围表面相对完好处	钻至基层

续上表

序号	损坏类型	钻芯目的				钻孔深度
		确定病害程度计算 RRA	路面内部结构状况评价	确定路面结构实际厚度	既有路面材料性能评价	
5	坑槽	—	—	—	相同检测单元病害周围表面相对完好处	钻至基层
6	松散	松散病害处	松散病害处	相同检测单元病害周围表面相对完好处	相同检测单元病害周围表面相对完好处、对应位置硬路肩处	钻至下面层
7	沉陷	沉陷病害处	沉陷病害处	相同检测单元病害周围表面相对完好处	相同检测单元病害周围表面相对完好处	钻至基层
8	车辙	车辙波峰、波谷及相同检测单元病害周围表面相对完好处	车辙波峰、波谷及相同检测单元病害周围表面相对完好处	—	相同检测单元病害周围表面相对完好处、对应位置硬路肩处	钻至基层
9	波浪拥包	—	—	—	相同检测单元病害周围表面相对完好处	钻至基层

续上表

序号	损坏类型	钻芯目的				钻孔深度
		确定病害程度计算 RRA	路面内部结构状况评价	确定路面结构实际厚度	既有路面材料性能评价	
10	泛油	泛油病害处	泛油病害处	泛油病害处	泛油病害处	钻至下面层
11	唧浆	—	—	—	相同检测单元病害周围表面相对完好处	钻至基层
12	抗滑性能不足	—	—	—	病害处	钻至表面层

B.0.4　钻芯取样步骤

(1)按照《公路养护安全作业规程》(JTG H30—2015)相关要求布置作业区。

(2)在选取采样地点的路面上,先用粉笔对钻孔位置作出标记,在信息记录板上填写相关信息,并采集现场场景照片。信息记录板的示例如图 B-1 所示。

路线或工程名称:
评价单元:
取样日期:
病害类型:
取样目的:
取样位置:

图 B-1　信息板示例

(3)用钻机在取样地点垂直对准路面放下钻头,牢固安装钻机,使其在运转过程中不得移动。

(4)开放冷却水,启动电动机,徐徐压下钻杆,钻取芯样,但不得使劲下压钻头。待钻透预订的结构层后，上抬钻杆，拔出钻头，停止转动，不使芯样损坏，取出芯样。用清水漂洗干净备用。

（5）填写样品标签，一式两份，一份粘贴在试样上，另一份作为记录备用。试样标签的示例如表B-2所示。

试样标签示例 表B-2

<table>
<tr><td colspan="5">芯样编号：　　取样人：　　记录人：</td><td colspan="4">取样时间：</td></tr>
<tr><td colspan="5">路段名称：</td><td colspan="4">评价单元：</td></tr>
<tr><td colspan="5">方向：</td><td colspan="4">桩号：</td></tr>
<tr><td colspan="5">路面病害描述：</td><td colspan="4">取芯目的：</td></tr>
<tr><td colspan="5">取样位置：</td><td colspan="4">确定病害类型及严重程度：</td></tr>
<tr><td rowspan="12">芯样整体照片编号</td><td colspan="2">结构层厚度（mm）</td><td>材料类型</td><td>各层芯样状况描述</td><td>层间黏结状况</td><td>病害发展深度</td><td>病害发展方向</td><td>备注</td></tr>
<tr><td>1</td><td></td><td></td><td></td><td></td><td></td><td></td><td></td></tr>
<tr><td>2</td><td></td><td></td><td></td><td></td><td></td><td></td><td></td></tr>
<tr><td>3</td><td></td><td></td><td></td><td></td><td></td><td></td><td></td></tr>
<tr><td>4</td><td></td><td></td><td></td><td></td><td></td><td></td><td></td></tr>
<tr><td>5</td><td></td><td></td><td></td><td></td><td></td><td></td><td></td></tr>
<tr><td>6</td><td></td><td></td><td></td><td></td><td></td><td></td><td></td></tr>
<tr><td>7</td><td></td><td></td><td></td><td></td><td></td><td></td><td></td></tr>
<tr><td>8</td><td></td><td></td><td></td><td></td><td></td><td></td><td></td></tr>
<tr><td>9</td><td></td><td></td><td></td><td></td><td></td><td></td><td></td></tr>
<tr><td>10</td><td></td><td></td><td></td><td></td><td></td><td></td><td></td></tr>
<tr><td colspan="3">路况照片编号：</td><td colspan="2">钻孔位置照片编号：</td><td colspan="3">孔洞内部照片编号：</td></tr>
</table>

（6）采集芯样整体照片、路况照片、钻孔位置照片、孔洞内部照片等细部照片，注意对比参照物或标尺。

（7）将钻取的芯样妥善盛放与盛样器中，必要时用塑料袋封装。

（8）按下列步骤填补钻孔：

①清孔洞中残留物，钻孔时留下的积水应用棉纱吸干。

②用乳化沥青混合料（冷补料）分层填补，并用小锤压实。

③所有孔洞填补结束时，宜比原路面层略鼓出少许，用重锤压实平整。

④场地复原。

附录 C　现场照片采集方法

C.0.1　每个项目按照病害分类和分级采集照片。

C.0.2　所采集照片应包含本项目中所有病害类型。

C.0.3　每处病害应至少包含细部和现场场境两张照片。

C.0.4　反映病害程度的细部照片在采集过程中应使用相应的测量工具。如:裂缝采用钢尺量测裂缝宽度;车辙采用 3m 直尺量测车辙深度,坑槽 3m 直尺及钢尺量测深度等。

C.0.5　反映病害发展范围的场面照片应将该处病害整体至于图像中。对于横向分布的病害(如:横缝)应沿纵向采集照片;对于纵向分布的病害(如:纵缝)应横向采集照片;对于分布没有明显方向性的病害(坑槽、龟裂、块裂等)应沿纵、横向分别采集照片。

C.0.6　每处挖补路段应采集病害细部照片及挖补段落场面照片。

C.0.7　随着挖补的进行,每各层位按照上述要求采集照片。为了对比参考,对于同一位置的病害,每层均应采集细部照片。

C.0.8　采集照片时应使用记录板描述相关信息,包括:项目名称、方向(上下行)、时间、桩号等。具体格式如下:

项目名称:××高速公路

方向:××方向

时间:2014 年×月××日

桩号:K××× + ×××

C.0.9　当天采集的照片应及时进行整理。整理的具体方法为:

(1)每种病害类型及严重程度应分别建立一级文件夹。如:车辙—轻度、车辙—重度等;

(2)一级文件夹下直接存放病害照片,照片命名规则为:高速名称 + 方向 + 桩号 + 病害类型 + 照片类型 + 照片编号。例如:

××高速上行方向 K×× + ××× HFL—XB1

××高速下行方向 K×× + ××× HFL—XB2

……

××高速上行方向 K××+×××HFL—HG1

××高速下行方向 K××+×××HFL—HG3

……

(3)应将每处挖补段落内的所有照片建立二级文件夹。文件夹命名为:××高速×××方向 K30+120－K30+500 挖补基层。

在二级文件夹下的照片除了按上述规则命名以外,还应补充挖补层位信息,例如:

××高速××方向 K30+120－K30+500 CZH—XB—表面层

××高速××方向 K30+120－K30+500 CZH—XB—下面层

……

××高速××方向 K30+120－K30+500 CZH—HG—表面层

××高速××方向 K30+120－K30+500 CZH—HG—下面层

……

C.0.10 上述条款中病害类型及病害代号参考按表 C-1。

路面损坏类型分级指标及病害代号 表 C-1

损坏名称	分级	定义及分级指标	病害代号
网裂	—	主要发生于沥青路面表面层,裂缝发展无明显规律,裂缝块度小,缝宽细小,深度浅	WL
龟裂	—	在路面上呈相互交错的小网格状。裂缝块度大部分集中在 20～50cm,裂缝发展层位深,裂区无变形或有轻度变形或散落	JL
块状裂缝	轻	大部分裂缝块度大于 1.0m,裂区无石料散落,裂缝缝细;在 3mm 以内;块裂边距小于 3m	KL_L
	重	主要裂缝块度在 0.5～1.0m,裂缝发展层位深,裂区有石料散落,裂缝较宽,大于 3mm	KL_H
横缝	轻	缝细、裂缝壁无散落或有轻微散落,无支缝或有少量轻微支缝,裂缝宽度在 3mm 以内	HF_L
	重	缝宽、裂缝深度贯通整个面层,且横向贯通一条以上车道、裂缝壁有散落并伴有较多严重支缝,并伴有破损、啃边等,主要缝宽大于 3mm	HF_H

续上表

损坏名称	分级	定义及分级指标	病害代号
纵缝	轻	缝细、裂缝壁无散落或有轻微散落，无支缝或有少量支缝，裂缝宽度在3mm以内	ZF_L
	重	缝宽、裂缝壁有散落、有较多严重支缝，缝深贯通整个面层，主要缝宽大于3mm	ZF_H
唧浆	—	水通过沥青层渗入，使基层、面层软化、膨胀，在荷载连续作用下，细小颗粒从空隙喷射出来的现象	JJ
坑槽	—	路面破坏成坑洼状，且一定区域内多发，曾连续出现	KC
松散	—	指路面结合料失去黏结力、集料松动，路面粗集料散失、脱皮、麻面、露骨，表面剥落、有小坑洞	SS
修补	良好	龟裂、坑槽、松散、沉陷、车辙等的修补（不包括整车道修补且修补长度大于50m的修补面积），分为修补后完好者和再次损坏者	XB_{LH}
	不良		XB_{BL}
沉陷	轻	发生于局部范围内的不均匀变形，无错台，一般可正常行车，但影响舒适性	CX_L
	重	发生于局部范围内的不均匀变形，存在2cm以上的错台高差，影响行车舒适性和安全	CX_H
车辙	轻	轮迹带纵向带状辙槽，辙槽浅，深度在10～15mm之间	CZ_L
	重	轮迹带纵向带状辙槽，辙槽深，深度15mm以上	CZ_H
波浪拥包	轻	波峰波谷高差小，高差在10～25mm之间	BL_L
	重	波峰波谷高差大，高差大于25mm	BL_H
泛油	—	路面沥青被挤出或表面被沥青膜覆盖形成发亮的薄油层；呈局部斑块状或连续片状	FY

参 考 文 献

[1] 中华人民共和国行业标准. JTG H10—2009 公路养护技术规范[S]. 北京:人民交通出版社,2009.

[2] 中华人民共和国行业标准. JTG H20 - 2007 公路技术状况评定标准[S]. 北京:人民交通出版社,2007.

[3] 中华人民共和国行业标准. JTG H30—2015 公路养护安全作业规程[S]. 北京:人民交通出版社股份有限公司,2015.

[4] 中华人民共和国行业标准. JTJ 073.2—2001 公路沥青路面养护技术规范(附条文说明)[S]. 北京:人民交通出版社,2001.

[5] 中华人民共和国行业标准. JTG D50—2017 公路沥青路面设计规范[S]. 北京:人民交通出版社股份有限公司,2017.

[6] 中华人民共和国行业标准. JTG F40—2004 公路沥青路面施工技术规范[S]. 北京:人民交通出版社,2004.

[7] 中华人民共和国行业标准. JTG F80—2004 公路工程质量检验评定标准[S]. 北京:人民交通出版社,2004.

[8] 河北省地方标准. DB 13/T 1018—2009 高速公路养护工程质量检验评定标准[S]. 2009.

[9] 河北省地方标准. DB 13/T 2465—2017 高速公路沥青路面养护技术规范[S]. 2017.

[10] 潘玉利. 路面管理系统原理[M]. 北京:人民交通出版社,1998.

[11] 李华,潘玉利. 高速公路养护质量评定手册[M]. 北京:知识出版社,2016.

[12] 孙立军. 沥青路面结构行为学[M]. 上海:同济大学出版社,2013.

[13] 赵怀志,李强,程姗姗,等. 公路技术状况评定指南[M]. 北京:人民交通出版社,2007.

[14] 王松根. 沥青路面养护管理与应用技术[D]. 第二届全国公路科技高层论坛论文集,2000.

[15] 河北锐驰交通工程咨询有限公司. 河北省高速公路养护工程设计技术指南[M]. 北京:人民交通出版社股份有限公司,2017.

[16] 王子鹏,赵宝平,贾梓,等.高速公路沥青路面病害特征识别图册[M].北京:人民交通出版社股份有限公司,2017.

[17] 河北锐驰交通工程咨询有限公司.河北省高速公路养护专项工程设计文件编制技术及图表示例[M].北京:人民交通出版社股份有限公司,2017.